KB203465

불교
유식학
강의

장 익 지음

정우북스

　　　　　　위덕대학교 장익 교수님의 『불교유식학 강의』는 정우서적에서 지난 2012년 4월15일 초판이 발행되었고, 그로부터 2년 뒤인 2014년 5월 31에 재판이 나왔으며, 2018년 2월 23일에 다시 3판이 세상에 나오게 되었다. 각 판마다 1천부가 발행되었으니 그간 3천부 정도가 세상에서 독자를 만났다고 할 수 있다. 그로부터 다시 5년 이상이 지났다. 재고가 바닥나게 되었다는 도서를 관리하는 회사의 연락을 받았다. 다시 4판을 발행하려고 보니 초판 이후 발행처인 '정우서적'이 '정우북스'로 개명되고 대표도 변경되어 새롭게 바코드 등을 부여받아야 하는 문제가 생겼다. 4판으로 발행해야 할 책을 초판으로 출판해야 하는 곤혹스러운 상황이 되었다. 책을 대폭 수정하였거나 내용을 추가한 것이 아니라 서명을 새로 붙일 수도 없었다. 출판사가 바뀌었다고 하지만 실제적인 주최가 달라진 것도 아니고 명칭만 바뀌어 부득이 전말을 몇 자 적어 다음 독자의 혼선이 일어나지 않게 하고자 한다.

2023. 8.

정우북스 대표

이 책을 내면서

　　책 제목을 '불교 유식학 강의'라고 한 것은 불교를 떠나서 유식학이 성립될 수 없다는 취지이며, 오히려 유식학을 통하여 불교를 쉽고 자세하게 설명할 수 있다는 점을 감안하였으며, 강의 중에도 이 점이 강조되었기 때문입니다.

　불교 유식학 강의는 모두 열 번의 강의로 구성되었으며, 일반인들이 유식학을 쉽게 이해하려는 의도로 기획된 강의 녹취록을 바탕으로 하였습니다. 여기에 부족한 부분을 보완하여 유식학의 기본적인 내용을 포함하였습니다.

　오늘날 불교의 마음에 대한 관심에 부응하여, 유식학을 쉽게 이해하기를 희망하는 일반인들을 위하여 강의형식을 유지하면서 유식학과 관련된 전반적인 내용을 체계적으로 해설하는 방법으로 정리해 보았습니다. 그러나 강의록을 중심으로 하다 보니, 섬세한 유식학의 교학적 이론들을 설명하기에는 한계가 있는 점도 자인하지 않을 수 없습니다.

강의진행은 유식학의 전반적인 이해를 돕기 위하여 먼저 유식학의 성립과 전개에 대한 교리사적인 내용을 언급하였으며, 전체적으로는 유식학의 기본적인 체계를 정리한 『유식삼십송』의 순서에 의했지만, 심식에 대한 내용은 우리들이 쉽게 이해할 수 있는 전5식부터 제6식 · 제7식 · 제8식의 순서로 하였습니다. 또한 각 심식의 심소와 상응의 관계는 전체적인 모습을 파악하기 위하여 제9강의에서 함께 설명하였음을 밝힙니다.

유식학의 용어가 어렵다는 점을 감안하여, 전문용어가 사용될 경우에는 가급적 쉽게 해석하려고 했으며, 문장 속에서 용어의 뜻에 대한 해석을 부가하여 자연스럽게 전달하려고 노력하였습니다. 그리고 유식학에서 반드시 사용되어야 할 용어는 반복해서 사용함으로써 자연스럽게 친숙하도록 해보았습니다.

책의 기본적인 체계는 『유식삼십송』을 바탕으로 하였고, 전문적인 해석이 필요한 경우에는 『성유식론』을 참고하였습니다. 강의내용은 위덕대학교에서 10여 년 동안 진행한 유식학 강의와 석박사 과정의 논문지도가 큰 도움이 되었습니다.

지금까지 유식학을 함께 공부해 온 조순희 박사, 혜봉 스님, 水三學人, 특히 녹취록을 만들고, 글을 다듬는 데 도움을 준 서상오 군과 홍응경 선생 등 제위께 고마움을 전하며, 이 책을 통해 많은 분들이 유식학과 마음에 대한 중요성을 생각해 보는 계기가 되었으면 합니다.

　　끝으로 유식학에 대해서 좀 더 깊이 있게 공부하고 싶은 이들을 위해 유식 경론을 요약하여 부록으로 붙였습니다.

2012년 찔레꽃 피는 늦봄

菩明　張益

강의를 시작하면서

불교의 가르침과 수행은 깨달음을 목표로 합니다. 깨달음은 일체를 여실하게 아는 지혜의 마음이고, 번뇌에 덮인 마음을 본래의 청정한 상태로 전환하는 것입니다. 그러므로 불교는 마음을 떠나서 설명할 수 없으며, 마음이 불교의 가르침과 수행의 중심에 위치하는 까닭에 불교를 마음의 종교라고 합니다.

마음을 탐구하는 유식학은 마음으로 일체를 설명하고, 마음의 구조와 작용을 밝혀 유식실성(唯識實性)임을 드러내고자 합니다. 그리고 유가수행을 통하여 깨달음을 얻고자 한다는 점에서 불교의 근본정신을 잘 설명하고 있습니다.

초기불교 시대에는 마음에 대한 중요성과 마음의 전환을 통한 열반과 해탈의 성취를 목표로 하여, 일체법을 6식을 중심으로 12처와 18계와 5온 등으로 분류하였으며, 번뇌의 유루심을 지혜의 무루심으로 전환하여 해탈과 열반을 얻고자 노력하였습니다.

부파불교 시대에는 업감연기설을 비롯한 윤회의 원인을 마음에서 규명하려고 하였고, 마음의 섬세한 심소(心所)의 작용을 다양하게 설명하였으며, 유식학의 기본이 되는 5위 75법에 대한 정리도 이루어지게 됩니다.

대승불교 시대가 시작되면서 『반야경』의 공(空)에 대하여 중관사상은 직관적인 논리를 동원하여 설명하고자 하였으며, 유식학에서는 마음에 대해 분석적인 해석을 통하여 이를 보완하고자 노력하였습니다.

유식학이 성립되는 4세기 이후에는 유식논사들에 의하여 마음과 관련된 그 동안의 이론들과 유가수행자들의 체험을 바탕으로 마음에 대한 자세한 분류와 체계적인 정리가 이루어지게 되었습니다. 만법유식(萬法唯識)과 유식무경(唯識無境)을 주제로 하여, 일체는 오직 심식이며, 대상이 없다는 것을 입증하고자 하였습니다.

이 과정에서 마음의 구조를 기존의 6식 중심에서 제7 말나식과 제8 아뢰야식을 더하여 8식으로 확대하고, 근본번뇌가 발생하는 원인과 윤회의 주체에 대한 심식의 작용 등에 대하여 설명할 수 있게 되었습니다. 그리고 심식의 세부적인 작용을 담당하는 다양한 심소들을 체계적으로 정리함으로써 심식의 구조와 작용에 대한 정리가 이루어지게 되었습니다.

그리고 부파불교의 색법(色法)이 중심이 되는 5위 75법을 개편하여, 대승불교 유식학에서는 심법(心法)을 위주로 새롭게 조직하였습니다. 심왕(心王)과 심소(心所)를 비롯하여 색법(色法)과 불상응행법(不相應行法)을 더하고, 무루법(無漏法)까지 포함하는 5위 100법을 일체에 대한 분류체계로 완성하였습니다.

또한 삼성설(三性說)과 삼무성설(三無性說)을 통하여, 중관사상의 공(空)에 대한 설명을 보완하였으며, 심식의 변화가 가능한 것을 밝힘으로써 유가수행의 이론적인 기초를 정비하였습니다. 이를 바탕으로 유가수행을 오위(五位)의 수행체계로 정리하여, 유식학의 심식에 대한 이론과 유가수행을 접목함으로써 불교의 가르침과 수행의 종합적인 설명이 가능하게 되었습니다.

목 차

| 제1강의 |
유식의 의미

유식의 의미

　　불교 유식학에 대한 첫 강의는 유식의
의미에 대해서 살펴보는 것으로 시작하겠습니다. 유식(唯識)
이란 말은 '오직(唯) 식(識)이다'는 뜻으로 널리 사용됩니다.
용어의 본래 뜻을 알기 위하여 갖추어 말하면 유식무경(唯識
無境) 혹은 만법유식(萬法唯識)이며, 유식(唯識)은 이것의 준말입
니다.

유식무경　오직 심식이며 대상은 없다

　유식무경(唯識無境)은 '오직 식(識)이며, 대상이 없다'는 뜻입
니다. 여기에서 식(識)은 인식하는 주체에 해당하는 마음속의
인식작용인 심식(心識)을 의미합니다. 왜냐하면 인식작용을
떠나서 별도로 인식의 주체가 없기 때문입니다. 일반적으로
마음이란 인식하는 주체의 전체적인 모습을 말한다면, 심식
은 마음의 구체적인 인식작용을 말합니다. 이 점에서 앞으
로 식과 심식은 동일한 의미로 사용하고자 합니다.

대상이란 심식이 인식하고자 하는 그 상대가 되는 것을 말하며, 여기에는 물질적인 것과 함께 정신적인 모든 것을 포함합니다. 그러므로 유식무경(唯識無境)이란 심식이 대상을 인식할 때에 오직 인식의 주체인 심식은 인정되지만 그 대상은 없다는 말이 됩니다. 그러나 현실적으로 우리들은 대상이 있음을 보고, 그것을 통해서 인식작용이 일어나고, 그 결과로 대상이 무엇인지 판단하는 것으로 생각하고 있습니다. 눈앞에 보이는 대상은 분명하게 있는 것 같지만, 그것을 인식하는 심식은 마음속에 있기에 쉽게 알 수 없기 때문입니다.

유식무경(唯識無境)은 현실적인 우리들의 생각과는 완전히 반대가 되는 것으로 이해되기 때문에, 유식은 이해하기 어렵다는 생각과 함께 일상적인 인식경험을 부정하는 것으로 오인되는 경우도 있습니다. 우리들이 심식과 대상을 표면적으로만 이해하는 경우에는 그렇게 보일 수 있는 여지가 있습니다. 그러나 조금 더 살펴본다면, 우리들 주변에는 비슷하게 많은 대상들 중에서 서로 다른 특정한 대상에 마음이 끌리는 경우가 있으며, 같은 대상에 대해서도 인식하는 사람에 따라서 서로 다른 인식의 결과를 가지고 있는 것을 자주 경험하게 됩니다.

같은 대상일지라도 인식주관에 따라서 다르게 인식될 수 있다는 것은 우리들 각자가 인식하듯이 대상이 그렇게 결정되어 있지 않다는 뜻입니다. 대상이 분명하게 결정되어 있다면 누구나 동등하게 인식하여야 하며, 항상 같은 인식의 결과를 가져오기 때문입니다.

우리들이 대상을 만나는 것은 인식주체가 무엇을 원하는가의 선호에 따라 정해지기 마련이며, 대상을 인식함에 있어서도 자신의 인식경험과 능력에 따라 다르게 인식될 수밖에 없습니다. 그러므로 대상이 실지로 정해져 있는 것은 아니며, 우리들의 인식주체인 심식의 상태에 따라서 그 대상의 모습이 다르게 나타납니다. 그러므로 인식작용을 결정하는 능력에 있어서 심식이 대상보다 더욱 중요하다는 점에서 오직 심식만이 있을 뿐 대상은 정해져 있지 않다는 의미로 설명합니다.

대상이 없다는 것은 실지로 눈앞에 보이고 있는 사물이나 인식되고 있는 정신적인 작용의 대상이 없다는 것을 설명하기 위한 것이 목표가 아닙니다. 대상이 없다는 것은 대상의 실질적인 존재나 작용을 부정하는 것이 아니라, 우리들이 인식하는 그대로 현존하지 않는다는 의미로 해석해야 합니다. 대상은 그 자체로 정해져 있지 않으며, 심식의 인식작용에 의해서 다르게 인식되기 때문에 정해진 대상은 없고, 인식되어 지는 것만이 있을 뿐이라는 의미입니다. 이런 점에서 유식무경(唯識無境)은 심식이 대상을 인식할 때에, 본래의 그 대상과 심식에 의하여 인식되는 결과로서의 대상은 서로 다르다는 점에서, 심식의 중요성을 강조하는 입장에서 서술된 용어입니다.

만법유식   일체는 오직 심식이다

만법유식(萬法唯識)의 '만법(萬法)'은 일체(一切)를 뜻합니다. 그러므로 '일체는 오직 식(識)이다'는 것을 의미합니다. 초기 불교에서는 일체를 우리들의 의식을 통하여 인식될 수 있는 가능성까지 만을 범위로 하고 있습니다. 우리들의 인식경험을 벗어난 초월적인 일이나 종교적인 신성(神性) 등은 포함시키지 않는다는 뜻입니다.

초기불교의 영원성이나 절대성을 부정하는 14무기(無記) 등의 여러 교설에서도 나타나지만, 인간의 인식범위를 벗어난 불확실한 것은 자기 향상에 무의미한 것으로 간주됩니다. 일체 그 자체를 규명하는 것은 우리들 자신들에게는 아무런 도움이 되지 않습니다. 따라서 일체를 해석하는 것이 목표가 아니라 일체 속에 살고 있는 우리들의 현실적인 모습을 설명하고, 이를 변화하려는 것이 불교의 목적이라 할 수 있습니다.

불교의 일체는 우주론·존재론적으로 해석되어야 하는 것이 아니라, 오히려 인식주체를 중심으로 하는 인식론적인 입장에서 설명되어야 합니다. 그렇다면 일체는 결국 인식주체인 심식과 이에 의하여 인식되는 것으로의 대상이 포함되는 것이 됩니다. 그러나 이 중에서도 일체의 중심에는 인식의 주체인 심식이 있고, 대상은 이에 의하여 인식되는 것이기 때문에 만법(萬法)은 유식(唯識)이라고 할 수 있습니다. 그러므로 일체를 의미하는 만법은 오직 심식의 작용이라는 만법유식(萬法唯識)과 심식에 의하여 대상이 결정되기 때문에 오직 식(識)이고 대상은 없다는 유식무경(唯識無境)은 유식(唯識)의 본래의 취지를 잘 설명해 주고 있는 용어입니다.

Sarvaṃ Vijñapti Mātraṃ 일체는 오직 인식되는 것이다

유식에 대한 용어해석을 위해서 원어에 대해서 생각해 볼 필요가 있습니다. 만법유식에 해당하는 것으로 Sarvaṃ Vijñapti Mātraṃ이란 용어가 있습니다. 먼저 Sarvaṃ이란 단어는 일체로 번역되고 있습니다. 일체란 불교에서 사람과 개체를 비롯한 모든 삼라만상을 일컫는 용어로 사용되고 있습니다.

그러므로 일체 즉 삼라만상이란 우리가 살고 있는 이 세상의 모든 것이라는 의미로 해석될 수 있습니다.

또 'Vijñapti'란 용어는 몇 가지 단어들이 합쳐진 것입니다. 이 가운데에서 'Vi'는 '분별하다' '나누다'라는 뜻을 지닌 접두사로서 흔히 '분별'이라는 의미로 사용됩니다. '-jña'는 '알다'라는 동사의 원형으로 지(知) 또는 식(識)이라는 용어로 번역됩니다. '-apti'는 '-되어 진 것, 된 것'을 의미하는 사역형 접미사로 사용됩니다. 그러므로 'Vijñapti'를 종합적으로 해석해 본다면 '분별해서 알게 되어 진 것'이라는 의미입니다.

분별이란 무분별과는 달리 인식대상과 인식주관이 상대적인 관계에 있으며, 주로 인식주관이 고정된 상태인 집착상태에서 인식대상을 판단하는 경우를 말합니다.

반대로 무분별이란 인식주관이 고정되지 않은 상태인 무아(無我)의 경지에서 인식하는 것으로 반야(般若)의 지혜가 여기에 해당합니다. 그러므로 분별인식이란 유루(有漏)의 중생심인 번뇌의 작용으로 '분별해서 알게 되어 진 것'을 말하며, 무분별 인식이란 '있는 그대로 아는 것'인 무루(無漏)의 지혜를 말합니다.

'분별해서 알게 되어 진 것'은 '있는 그대로 아는 것'과는 다릅니다. '있는 그대로 아는 것'은 인식대상을 있는 그대로 인식하는 것을 말하지만, 실제로 이러한 인식은 번뇌심의 유정들에게는 불가능합니다. 그러나 우리들은 일반적으로 대상에 대하여 있는 그대로 아는 것으로 생각하고 있습니다. 사실은 대상을 있는 그대로 아는 것이 아니라 우리들의 마음에 비추어진 대상을 아는 것일 뿐입니다. 그러므로 '있는 그대로 아는 것'이 아니라 '분별해서 알게 되어 진 것'입니다.

예를 들면 흔히 선입견이라는 말을 쓰는데 이 말의 의미와 비슷하다고 볼 수 있습니다. 먼저 자신의 생각을 갖고 대상을 보게 되면 있는 그대로의 대상을 보지 못하고, 자신의 견해에 입각해서 대상을 보게 되며, 자신에게 보이는 것은 그 대상의 본래 모습과 다르게 됩니다. 그러나 선입견을 갖고 대상을 인식하는 사람들도 자신은 대상을 있는 그대로 인식하는 것처럼 착각하게 된다는 점에서 '있는 그대로 아는 것'으로 생각하고 있지만, 본래는 자신의 마음에 의해서 대상을 '분별해서 알게 되어 진 것'일 뿐입니다.

흔히 표상(表象)이라는 말로도 설명합니다. 표상이란 추상적인 사물이나 개념에 상대하여 그것을 상기시키거나 연상시키는 구체적인 사물로 나타내는 마음의 작용을 의미합니다. 사물이나 개념을 있는 그대로 인식하는 것이 아니라 그

것을 연상시키는 별도의 구체적인 사물로 받아들인다는 점
에서 '분별해서 알게 된 것'이란 의미를 잘 설명해 주고 있습
니다. 그러나 한문번역에서는 사역형인 'Vijñapti'의 의미를
그대로 담을 수 없기에 '알다', '인식하다'는 의미의 식(識)으
로만 변역됩니다. 여기에 'Mātram'의 '오직'이라는 의미를 유
(唯)로 번역해 유식(唯識)이라는 용어가 생겨나게 되었습니다.

　이와 같이 만법유식에 해당하는 'Sarvaṃ Vijñapti Mātraṃ'
의 의미를 정리하면, '일체는 인간의 분별된 지각에 의해서
인식되어 진 것일 뿐'이라는 의미가 됩니다. 그러므로 이 세
상의 일체는 각자 독자적인 자성(自性)을 지니고 존재하는 것
이 아니라 오직 우리들의 분별된 표상식(表象識)의 인식으로
드러나는 것이라고 정리할 수 있습니다.

Yogā—cāra　　유가행파

　인도에서 대승불교 전통 내부에 유식을 위주로 하는 부류
의 사람들을 지칭하는 용어는 두 가지로 나타납니다. 유식
의 중요개념인 'Vijñapti'를 사용하여 유식을 공부하는 사람
들의 모임이라는 의미로 유식학파(唯識學派, Vijñapti Vāda)로 부
르게 되는데, 점차 후대가 되면서 유가행파(瑜伽行派, Yogā-cāra)
로 유식학파를 부르는 경우가 나타납니다. 대체로 유식학파

는 유식을 설하는 사람들이라는 의미로 사용되고, 유가행파(Yogā-cāra)는 유식을 수행하는 사람들의 집단을 호칭하는 것이라 할 수 있습니다. 인도전통의 요가(Yoga)와 구분하여 유가(瑜伽)로 부릅니다.

불교에서의 유가(瑜伽)는 인도 전통의 요가(Yoga)를 말합니다. 흔히 인도 전통의 요가는 몸과 마음을 단련하는 수행법을 가리킵니다. 단어가 지니는 본래적 의미는 동사 어근 'Yuj-'에서 파생되었습니다. 'Yuj-'는 '말(馬)에게 멍에를 씌우다'는 뜻을 가지고 있습니다. 말(馬)이 상징하는 것은 우리들의 마음입니다. 끊임없이 전후좌우로 내닫는 말의 행동성격을 인간의 마음에 비유하여 그렇게 부질없이 급하게 움직이고 있다는 것을 비유하게 된 것입니다.

그리고 여기에 멍에를 씌운다는 것은 말을 통제하고 조절하고 제어하는 의미를 설명하는 내용입니다. 그렇기 때문에 'Yuj-'에서 파생된 요가(Yoga)의 인도 전통적 의미는 마음을 제어하고 통제하여 신(神)과 합일(合一) 또는 결합(結合)한다는 의미입니다. 인도 전통에서 합일과 결합이라는 의미는 최고의 신(神)인 브라만과 인간이 서로 합일하고 결합하는 것을 말하는 내용입니다. 이런 것들을 흔히 인도에서는 '범아일여(梵我一如)'라는 말로 사용하고 있습니다. '범(梵)'은 브라만을

'아(我)'는 아트만을 의미합니다.

그러나 불교에 오게 되면, 신적인 존재와 인간의 결합이라는 인도종교의 기능과는 다르게 인간의 내면적인 성숙과 완성을 추구하는 것을 의미하는 용어로 개념이 변하게 됩니다. 그런 점에서 불교에서의 유가는 심일경성(心一境性)이라고 번역합니다. 마음이 하나의 경계에 집중되는 안정된 상태를 의미합니다. 이런 안정된 상태에서는 올바른 견해가 일어나게 되어 있다는 점에서 정견(正見)이라는 말로도 사용되고 있습니다. 그래서 불교에서 유가라고 하는 것은 산란한 마음을 하나의 안정된 마음으로 변화시켜서 그 속에서 올바른 견해가 일어나게 하는 그것을 유가라고 말씀드릴 수 있습니다.

요가차라(Yogā-cāra)에서 '차라(cāra)'는 행(行)을 의미하는 용어입니다. 그러므로 유가를 수행하는 사람들이라고 하는 말로 유식학파 또는 유식의 사상가들이 인도에서 호칭된 것을 보면, 이들 유식사상가들은 마음을 하나의 경계에 모아서 선정에 들고자 하는 유가수행에 열중하는 사람들이라는 의미로 해석될 수 있습니다.

이런 경우는 인도에서의 유식학은 이론적인 부분에만 국한된 것이 아니라 수행도와 함께 전개되었다는 것을 말합니다. 이것은 마음의 구조와 작용을 위주로 설명하는 유식과 마음의 변화를 통하여 깨달음을 이루고자 하는 수행도와의 공통의 기반이 밀접한 관계에 있었음을 설명해 줍니다. 유식의 이론적인 기반을 통하여 이것을 수행자들이 수행과정에서 입증하게 되고, 수행자들에 의하여 새롭게 밝혀진 마음의 구조와 작용은 또 유식학의 이론적인 정립에 도움을 주는 상호관계에 의하여, 유식학은 더욱 발전적으로 전개될 수 있었음을 보여줍니다.

불교는 마음의 종교 불교는 유식으로 설명 된다

유식은 불교가 지니고 있는 독특한 불교만의 교리해석에서부터 그 연원을 찾아볼 수 있습니다. 불교가 지니고 있는 근본적인 가르침의 내용을 세부적으로 살펴본다면, 불교에서는 일반적인 종교에서 주장하는 신(神)에 대한 개념을 중요하게 여기고 있지 않습니다. 모든 종교에서는 인간의 행복과 불행의 근원이 신에 의해서 결정된다고 하는 것이 일반적인 해석입니다. 그러나 불교에서는 인간의 행복과 불행은 모두가 인간의 행위(Karma)에 의해서 좌우된다고 하는 사실을 명확히 하고 있습니다.

인간행위에 의하여 스스로의 행복과 불행이 결정된다는

것을 다른 용어로 말씀을 드린다면, 스스로 지은 행위에 의해서 스스로 결과를 얻게 된다는 자업자득(自業自得)이며, 원인의 행위에 의해서 과보의 결과를 얻는다는 인과응보(因果應報)의 의미로 설명될 수 있습니다. 그러므로 불교에서는 일반적인 종교가 지니고 있는, 신 중심의 가치관에 비해서 인간이 중심이 되고, 인간 스스로의 행위에 의해서 행복과 불행이 결정되는 인과율(因果律)을 바탕으로 하고 있다는 점에서 일반적인 종교와는 다른 특성적인 내용을 지니고 있습니다.

그렇다면 인간의 행복과 불행을 결정하는 인간의 행위가 과연 어떻게 이루어지는가라는 점에 대해서 좀 더 살펴볼 필요가 있습니다. 과연 그렇다면 우리는 어떤 원인으로 어떤 행위를 하게 되고, 어떤 행위를 통해서 어떤 결과를 얻게 되는가라는 사실에 대해서 살펴보겠습니다. 보통 인간의 전인적인 행위를 삼업(三業)이라 하고, 몸의 행위인 신업(身業)과 입의 행위인 구업(口業)과 뜻의 행위인 의업(意業)으로 나누고 있습니다. 이 중에서 신업과 구업을 사이업(思已業)이라 하고 의업을 사업(思業)이라 합니다. 사이업(思已業)인 신업과 구업은 사업(思業)이 일어난 이후에 일어난다는 점에서 붙인 이름입니다. 즉 의업이 먼저 일어나고 신업과 구업이 따라 일어난다는 뜻입니다.

결국 마음으로 먼저 생각을 한 이후에 몸과 입의 작용이 일어난다는 것으로 마음의 중요성을 설명하는 것입니다. 그렇기 때문에 마음에 의해서 인간의 행위는 결정되며, 행복과 불행이 좌우된다는 것을 말합니다. 그러므로 불교에서는 일찍부터 마음에 대한 많은 가르침을 주고 있습니다. 어떤 종교보다도 불교는 마음에 대한 탐구를 위한 종교이며, 마음공부가 가장 중요한 가르침으로 여겨지고 있습니다. 그래서 불교에서는 마음의 변화를 주도하는 수행으로 자신의 행위를 수정하여 행복을 얻고자 합니다. 착한 마음에서 행복이 올 수 있으며, 나아가 마음의 궁극적인 변화를 통해서 결국 중생에서 깨달음의 부처로 나아가고자 하는 것이 가장 기본적인 교학입니다.

그렇다면 과연 이 마음이 어떤 구조를 지니며 어떻게 작용하는가 하는 것은 대단히 궁금한 일이며, 이러한 사실을 이해한다고 하는 것은 불교에서 중요한 일이 아닐 수 없습니다. 그러므로 초기불교 이후부터 마음에 대한 탐구와 마음에 대한 가르침에 많은 비중을 두고 진행되어 왔습니다. 이러한 역사적 과정은 앞으로 살펴보겠지만, 여기에서는 우선 이 마음이 우리들의 삶을 결정하는 중요한 요인으로 어

떻게 작용될 수 있는가라는 사실에 대해 예를 들어서 설명
하고자 합니다.

일수사견 인식주관에 따라 대상이 달리 인식 된다

일수사견(一水四見)이라는 예화가 있습니다. 이것은 유식의
입문과정에서 널리 통용되는 이야기의 하나입니다. 하나의
물(一水)이 네 가지로 보인다(四見)는 뜻입니다. 예를 들면 천
상계에 사는 천인(天人)들에게는 맑은 유리보석으로 보이며,
세상 사람들에게는 마시고 씻는 것으로, 물고기들에게는 사
는 집으로, 아귀들에게는 먹지 못하는 뜨거운 불로 인식된다
는 내용입니다.

이 말은 본래 부처님의 가르침을 듣는 자들이 각자의 근
기에 따라서 진리를 얻게 된다는 의미로 사용되었습니다.
하지만 후대에 『섭대승론석약소』라는 책에서 '오늘날의 관
점에서 해석하면 한 가지 물이 네 가지로 보인다는 것은 한
가지로 분명히 정할 수 있는 대상은 있지 않다(今釋乃約 一水四
見 明境非有)'는 것으로 재해석되었습니다. 이 말에 담긴 의미
는 세상의 모든 대상들은 사람들에게 동일하게 보이는 것이
아니라, 보는 사람의 상황에 따라 각각 다르게 보인다는 뜻
입니다. 즉 모든 대상은 고정된 것이 아니라 인식하는 주관

과 인식되는 객관 사이에 성립되는 다양한 인연(因緣)에 따라 다르게 나타난다는 것입니다. 그러므로 이러한 관점에서 볼 때 이것이라고 하는 절대적인 대상은 존재하지 않으며, 각자의 인식주관에 의하여 달리 인식되어 질뿐이라는 것입니다.

그렇다면 진리는 어디에서 찾아야 할 것인가? 결국 우리들의 인식주관을 총괄하고 있는 마음에서 찾아야 할 것입니다. 신라의 고승 원효스님이 당나라 유학길에서 전날 밤 맛있게 마신 물이 다음날 아침에 해골에 고인 물이었다는 사실을 알고, 모든 것은 마음에 달렸다는 깨달음을 얻었으며, 이후 유학길을 포기하고 자신의 마음에서 더 높은 진리를 찾을 수 있었다고 하는 이야기도 있습니다. 원효스님의 이러한 깨달음은 '똑같은 물이지만 어제 저녁과 오늘 아침이 왜 이렇게 다를까'라는 의문에서 시작되었으며, 그 답을 마음에서 찾았던 결과라고 할 수 있습니다.

이러한 이야기들은 우리들의 인식의 한계를 설명하는 것이기도 하지만, 어떠한 사물일지라도 스스로 고정되어 있지 않으며, 보는 자에 의하여 다양한 각도로 비춰질 수 있다는 점에서 우리들 판단의 정당성에 대하여 끊임없는 성찰을 요구합니다. 현재 내가 보고 듣고 느끼는 세상이 전부가 아니라 그것은 내 인식의 한계에 의하여 구속되어 있는 것이며,

나와 동일한 인식을 하고 있는 생명체는 어느 공간에도 존재할 수 없습니다. 나를 비롯한 모든 생명체들은 각자의 세상을 인식하고 있으므로 나와 다른 상대방의 인식에 대한 존중을 생각해 볼 수 있습니다.

이것은 나만이 옳다고 하는 주장은 있을 수 없다는 사실을 알게 하고, 남을 이해할 수 있는 근거를 제공해 줍니다. 내가 이렇게 판단하고 해석하였듯이 남들도 나름대로 자신의 입장에서 판단하고 해석한다는 점을 이해할 수 있습니다. 결국 서로의 차이는 근원적으로 각자의 상황의 차이일 뿐이지 결코 다른 주장이나 대립을 조장하기 위한 것은 아니며, 이런 점에서 다양한 각자의 견해들은 서로 이해될 수 있고 존중되어야 하며, 이를 바탕으로 하는 최선의 합의를 위한 합리적인 노력이 있어야 합니다. 지금까지 우리들은 내가 보는 세상이 전부이고 세상은 오로지 나에게만 열려 있는 것으로 생각하여 왔다면, 이제는 모두에게 세상은 열려 있고 모든 생명체들은 각자의 세상을 인식하고 생활하고 있음을 생각해 보아야 합니다.

우리는 흔히 이 세상에 외관의 대상이 결정되어 있고, 그 대상을 통해서 인간들은 단지 그 대상을 그것으로 인식하는 것으로 알고 있습니다. 그리고 모든 사람들은 똑같은 생각으로 똑같은 사물을 생각 없이 그대로 받아들이고 있는 것으로 알고 있습니다. 그러나 유식에서는 이런 외면적이고 객관적인 방법보다는 인간의 인식적이고 주관적인 방법을 중요시하고 있습니다. 인식대상에 의해서 인식주관이 결정되는 것이 아니고, 오히려 보이지 않는 인식주관에 의해서 인식대상이 결정된다고 하는 점에서 인식주관을 우선시하는 입장에 있는 것입니다. 이런 의미를 함축하고 있는 것이 일수사견의 예화입니다.

뱀과 새끼줄　인식주관과 대상의 관계

이런 점을 설화적으로 표현하고 있는 이야기 하나를 더 소개할까 합니다. 유식학에서 자주 인용되는 것 중의 하나가 뱀과 새끼줄에 관한 비유입니다. 우리가 어떻게 뱀이나 새끼줄을 바라보느냐에 따라서 그것을 다르게 인식할 수 있음을 보여주고 있습니다.

예를 들어보겠습니다. 두려운 마음으로 산길을 걷고 있는 사람이 있는데 갑자기 새끼줄이 나타났다면 새끼줄은 움직이고 있는 뱀으로 착각될 수 있는 여지가 있습니다. 또, 백주대로에 편안한 마음으로 길을 가고 있는 사람이라면 정말 뱀이 나타났더라도 그것을 새끼줄로 인식할 수도 있을 것입니다. 두려운 마음 때문에 새끼줄을 뱀으로 착각하는 경우나, 뱀이 도저히 나타날 수 없는 상황으로 여겨서 뱀이 나타나도 새끼줄로 인식하는 경우입니다. 이처럼 그것을 인식하는 사람의 마음과 주변의 상황에 따라서 극단적인 인식의 오류를 범할 수 있는 경우가 있다는 이야기입니다.

더욱이 대상에 대한 이러한 잘못된 인식은 곧 행동으로 나타나게 되며, 새끼줄을 보고 뱀으로 착각한 사람은 겁을 먹고 황급히 도망치다가 낭떠러지에서 떨어져 죽을 수도 있으며, 뱀을 보고 새끼줄로 잘못 판단한 사람은 새끼줄을 잡는다고 했지만 결국 뱀에게 물리는 결과를 가지고 올 수도 있습니다. 우리들의 인식이 곧 행동을 결정하기 때문이며, 경우에 따라서는 누구도 예상할 수 없는 상황이 될 수 있습니다. 그러므로 우리들의 인식작용에 의해서 행위가 결정되며, 이 행위를 통하여 행복과 불행이 성립된다는 것을 알 수 있습니다.

이 이야기는 우리가 삶을 살아가면서 이 세상과 수없이 부딪히는 사물들에 대해서 과연 얼마나 정확한 인식을 하고 있으며, 얼마나 대상을 바르게 바라보고 삶을 영위하고 행동하고 있는가라는 사실을 한번쯤 되돌아 볼 수 있게 하며, 마음의 중요성을 일깨워 줍니다. 대상이 중요한 것이 아니라 대상을 인식하는 마음이 중요하기 때문입니다. 이런 점에서 유식은 인식주관에 따라서 변화하는 허망한 대상에 집착하지 않고, 자신의 내면적 수양과 지적 성찰을 통해서 대상을 바르게 보려고 노력하는 수행자의 입장에 서 있다고 할 수 있습니다.

유식학의 목표 해탈과 열반

물질적인 풍요가 만연한 현대사회에서 유식학은 더욱 가치가 있다고 여겨집니다. 유식학이 목표로 하고 있는 것은 대상인 물질 자체를 부정하는 것에 있는 것이 아니라 물질적인 대상보다 오히려 인간의 인식을 중시하고자 하는 입장이기 때문입니다. 인간의 인식작용이 무한하듯이 또한 물질적인 대상도 다양한 각도로 보일 수 있습니다. 물질은 고정된 것이 아니라는 것입니다. 물질을 바라보는 인식이 문제가 됩니다. 오히려 인간의 인식범위가 넓어진다면 물질에 대한 생각도 변하게 될 것입니다. 물질적인 풍요에 의하여 인간성을 상실하는 것이 아니라, 오히려 인간의 가치를 높이고, 삶을 풍요롭게 할 수도 있다는 의미입니다.

이를 위해서는 물질의 개발과 함께 인간의 내면적인 수행과 노력으로 바른 인식을 얻고자 노력해야 합니다. 이를 통하여 바른 행위를 하게 되고, 그 행위를 통해서 행복을 달성하고자 하는 불교의 근본적인 가르침과도 일치하고 있습니다. 이런 점에서 유식학이란 초기불교의 근본정신을 계승하고, 부파불교의 심식에 대한 탐구의 성과를 정리하고, 대승불교의 정신에 입각하여 인간과 사회의 행복을 추구하는 근원적인 원인을 마음에서 찾고, 마음의 변화를 통하여 개인과 사회의 행복을 추구하고자 하는 노력의 일환이며, 오늘날에도 무한한 가치를 보이고 있습니다.

유식학의 목표를 더욱 구체적으로 살펴본다면 세상에서의 인간의 단순한 욕망에 의한 행복의 추구가 궁극적인 것은 아닙니다. 인간의 행복은 근원적인 인간한계에 의하여 구속되기 때문입니다. 짧게는 세상의 행복이지만 길게는 영원한 행복을 추구하는 것이 인간의 소망입니다. 이런 점에서 유식학은 단순한 마음의 중요성이나 행복추구를 위한 방편으로 설하고 있는 것이 아니라 고통으로부터의 영원한 해탈을 얻고, 보리의 지혜를 획득하여, 일체 중생을 위하여 보살행을 실천해 가는 적극적인 수행도와 보살행의 실천을 위한 가르침입니다.

불교에서는 모든 유정들의 본래 마음은 속박됨이 없는 해탈의 상태이며, 물들지 않은 청정한 보리의 지혜임을 설하고 있습니다. 그러나 번뇌의 장애인 번뇌장(煩惱障)에 가려서 해탈을 얻지 못하고 속박된 상태에 머물고 있습니다. 그리고 외부대상을 밝게 아는 것을 방해하는 소지장(所知障)에 가려서 반야의 지혜를 얻지 못한 상태에 있게 됩니다. 이러한 두 가지의 장애가 되는 번뇌장과 소지장을 이장(二障)이라 합니다. 그러므로 이 두 가지의 근본적인 장애를 끊어야 하며, 먼저 마음속의 번뇌장을 소멸하는 것은 해탈을 얻는 것이며, 소지장을 제거함으로써 반야의 지혜를 얻어 보리를 증득하게 됩니다. 그러므로 유식의 궁극적인 목표는 중생으로 하여금 해탈과 보리를 얻게 하는 것이며, 이를 위하여 마음속의 근본장애인 두 가지의 장애를 극복하기 위하여 노력하는 것입니다.

그렇다면 이제 궁금한 것은 과연 우리들을 끝없이 움직이게 하는 마음의 변화는 어떻게 해서 가능하게 되는 것인가 하는 부분입니다. 이점에서 유식에서는 먼저 마음에 대한 자세한 구조에 대하여 설명하고 있습니다. 그런 다음에 마음이 어떻게 작용하는지를 설명하고, 마음의 안정을 통한 심일경성(心一境性)을 얻기 위해서 과연 어떤 방법으로 수행해 가야 하는가를 설명하고 있습니다. 그러므로 앞으로 이어질 강의들은 대부분 이 마음의 구조와 작용은 어떠한가, 어떻게

하면 이 마음을 변화시킬 수 있는가라고 하는 마음의 수행
에 관한 이야기들을 중심으로 진행될 것입니다.

| 제2강의 |
유식학의 형성과정

유식학의 형성과정

유식에 대한 이론이나 수행은 누군가
에 의해서 일시에 정리된 것은 아닙니다. 불교의 모든 가르
침이 그러하듯이 석존의 가르침과 수행에 그 연원이 있으며,
이에 대한 시대별·지역별 전승과정을 통하여 보완되고 정
리된 형태로 전개된 것입니다. 유식사상은 석존의 근본적인
가르침에서 출발하여, 부파불교 시대를 거치고, 대승불교의
중관사상 이후에 본격적으로 등장하게 되었습니다.

그러므로 유식 이전에 마음과 관련하여 논의돼 온 다양한
이론과 수행법들이 유식사상을 형성하는 중요한 요소가 되
었으며, 어떤 필요성에 의해서 이러한 것들이 체계화되고 정
리된 것으로 생각할 수 있습니다. 그렇다면 먼저 불교가 지
니고 있는 가장 일관된 사상적 체계는 무엇일까 하는 점을
생각해 보고자 합니다.

불교의 근본교설과 유식학

석존의 가르침에서부터 부파불교나 대승의 중관과 유식을 거쳐서 밀교에 이르기까지 변할 수 없는 불교만이 지니고 있는 가장 독특한 가르침이 있다고 한다면, 그것은 역시 무아(無我)의 가르침이라고 할 수 있습니다. 무아의 가르침은 어느 종교에서도 쉽게 볼 수 없는 내용이며, 불교가 지니고 있는 특성적인 철학적 의미를 지니고 있습니다.

이것을 초기 불교경전에서는 일반적으로 제법무아(諸法無我)라고 설명합니다. 제법(諸法)은 일체의 사물들을 통칭하는 용어입니다. 일체의 모든 것은 무아(無我) 즉 아(我)가 있지 않다는 것입니다. 여기에서 아(我)는 항상 변하지 않는 자기라는 실체의 의미로 해석하여 자성(自性)으로 설명합니다. 그래서 '자성이 없다'는 무자성(無自性)이라는 의미로 재해석될 수 있습니다. 여기에서 자성을 좀 더 분명하게 설명한다면, 자성이란 본래로 지니고 있는 자기라는 성품이나 주인 즉 자기의 실체를 나타내는 용어이므로, 이 세상에 모든 것들은 그 개체가 지니고 있는 주인 됨이나 또는 변하지 않는 실체를 지니지 않는다는 의미입니다.

대승의 중관사상에 이르게 되면, 무아나 무자성의 의미는 용수(龍樹)에 의해서 연기(緣起)로 더욱 내용이 분명하게 설명됩니다. 연기는 상의성(相依性)을 말하는 것으로, 일체 모든 것들은 서로에게 의지해서 이루어지는 것이기 때문에 서로의 관계성에 의하여 있을 뿐 본래의 실체를 지니지 않는다는 내용입니다. 그러므로 삼라만상 모두는 서로의 밀접한 관계성에 의해서 함께 일어났을 뿐, 개체 하나하나의 특정한 주인이나 실체를 찾을 수가 없다는 것입니다. 다만 겉으로 드러나는 것을 우리들은 실체라고 하지만, 사실 이것은 비슷하게 나타났기 때문에 사현(似現)된 것이며, 거짓된, 임시로 존재하는 것이기에 가아(假我)에 불과합니다.

개인적인 아(我)의 집착에서 보는 것이 아니라 개체를 떠난 거시적인 관점에서 삼라만상의 전체적인 모습을 밝힌 통찰이라고 할 수 있습니다. 이런 점에서 초기불교의 무아의 개념은 대승불교에서는 연기라는 개념으로 재해석되고 있음을 알 수 있습니다. 또한 세상 모든 것들은 홀로 존재한다던가, 그것이 실체를 가지지 않는 연기에 의한 것이기 때문에, 연기성은 인정되지만, 그 속에 개별적인 존재는 있지 않다는 점에서, 공(空)이라는 용어를 대승불교에서는 사용하게 됩니다.

이처럼 초기불교의 아(我)를 부정하는 입장은 대승불교에 오게 되면, 대상의 실체에 대한 유(有)와 무(無)를 초월하는 궁극적 의미를 공(空)으로 내세우고, 그것을 연기에 기초해서 설명하였습니다. 또 이런 내용이 중관사상에 이르게 되면, 공(空)의 의미는 양쪽 극단에 치우치지 않는 중(中)이라는 의미로 재해석되며, 있지도 않고 없지도 않다는 비유비무(非有非無)의 극단적인 편견을 부정하는 의미로써 해석됩니다. 이 것은 대상에 대한 있고, 없고의 시비를 가리는 것이 목적이 아니라, 대상에 대하여 있고, 없다고 하는 우리들의 집착을 경계하는 것입니다. 그러므로 공(空)이나 중(中)의 개념은 우리들의 일상을 초월해 있는 것이 아니라 우리들의 집착인 번뇌성을 초월해 있는 것으로 해석되어야 합니다.

초기불교의 무아의 정신이 대승의 연기나 공(空), 또는 중(中)의 의미로 상승되어 설명되는 과정에서 이들이 추구하고자 했던 중요한 의도는 무엇이었을까요? 결국 우리가 처하고 있는 대상에 대해서 집착하여 대상이 실존한다든지 혹은 대상이 모든 것을 결정한다는 것과 같은 잘못된 전도망상을 바르게 하여, 집착이 없는 무분별의 마음상태로 전환하려고 하였기 때문입니다.

무아는 아(我)의 실체를 부정함으로써 아(我)에 대한 근원적인 집착을 끊기 위함이고, 중(中)과 공(空)은 극단적인 양단의 집착에 치우치지 않음으로서 번뇌를 떠나 청정한 마음에 머물게 하기 위함입니다. 그러므로 불교 근본교설의 교학적인 전개과정을 살펴보면, 외형적으로는 형식적인 개념과 용어의 차이가 있는 것이 확실하지만, 그 속에 내재되어 있는 것은 마음의 집착과 번뇌를 여의고 적정한 마음상태에서 있는 그대로의 일체를 자각하는 지혜를 얻으려고 노력하는 공통점을 지니고 있습니다.

불교의 근본정신은 번뇌를 떠나 고통으로부터 해탈하고, 지혜를 얻어 깨달음을 이루는 것이기 때문에 이것은 마음을 떠나서 설명할 수 없으며, 마음의 수행과정을 거치지 않고는 달성할 수 없는 것입니다. 그렇기 때문에 불교는 마음을 공부하고 수행하는 종교라고 하며, 불교의 모든 가르침은 마음을 떠나서 이해할 수 없게 됩니다. 초기불교 이후 석존의 가르침에 대한 다양한 이론적인 정립들이 이루어지고 있었지만, 결국 마음을 떠나서 설명할 수 없게 되었으며, 이러한 마음에 대한 탐구와 정리과정은 대승의 유식에 와서 체계화되고 정리되었다고 할 수 있습니다.

이런 전개과정에서 특히 마음의 구조와 그 작용원리를 이해한다는 것이 중요하게 인식되었으며, 대상에 대한 집착을 어떻게 버릴 수 있으며, 전도되고 잘못된 생각을 어떻게 전환할 수 있을 것인가라는 문제제기에서부터 유식에 관한 많은 이론들이 형성되기 시작합니다. 따라서 유식사상은 불교의 근본적인 가르침과 중관사상이 추구하고자 하였던 마음의 번뇌와 집착을 버리고 바른 견해인 지혜를 획득하는 것을 목표로 한다는 점에서 불교의 근본정신에 충실하게 접목되어 있다고 하겠습니다.

이렇게 볼 때 유식학의 관점으로는 일체 대상을 모두 허망한 것으로 봄으로써, 오직 이 마음의 세계가 모든 것의 중심에 있다는 자각을 하도록 돕고 있습니다. 그러므로 마음의 구조에 대한 자세한 분석과 마음의 작용을 이해함으로써 마음수행을 더욱 구체화할 수 있게 되며, 이러한 노력을 통하여 마음의 안정된 상태를 유지하고, 유식무경(唯識無境)의 경지에 도달하고자 하는 것이 유식이 목표로 하는 가르침입니다.

초기불교의 심식설

마음에 관한 유식의 가르침들은 갑자기 형성된 것은 물론 아니라고 생각됩니다. 특히 인도에는 고대로부터 요가를 비롯한 마음과 관련한 논의와 수행법들이 전승되었으며, 관련 유파들도 다양하게 활동하였습니다. 고대 인더스 문명의 모헨조다로의 유물 중에 나무 아래에서 고요히 마음을 수행하고 있는 수행자 모습의 테라코타형 유물이 발견되었습니다. 이렇게 인간이 자신의 내면을 바라보는 상징적인 조형물이 나타나는 경우는 고대사에서 드문 경우입니다. 대부분의 고대문명의 출토물들은 신(神)을 경배하는 것들이며, 자연신과 동물신 혹은 조상신을 모시는 신상(神像)과 관련되어 있기 때문입니다. 그러므로 인간의 내면을 추구하는 역사적 근원은 인도 고대문명에서부터 전승되었다고 할 수 있습니다.

석존 또한 출가를 하고 고행하는 과정 속에서 이전의 인도 수행자들이 사용하였던 다양한 정신적인 수행법들을 섭렵하였습니다. 그러한 이후에 수행들을 새롭게 체계화하고 새로운 수행법으로 승화시킨 사실이 초기불교 경전의 교설로서 나타나 있습니다. 그러나 초기불교에서는 석존의 가르침이나 해탈의 문제가 중요한 것으로 인식되었고, 구체적인 삶의 행동과 행위의 문제가 중시되었기 때문에 마음에 대한 구체적이고 세부적인 언급은 크게 보이지 않습니다. 마음에 대한 깊이 있는 전문적인 연구나 내면적 탐구보다는 해탈과 열반을 어떻게 달성하는가라는 수행방법의 문제가 더욱 중요한 것으로 여겨졌기 때문입니다.

초기불교 경전인 『아함경』에는 전5식(前五識)과 제6식(第六識)인 의식(意識)에 대한 설명이 언급되어 있습니다. 일체를 분류하는 12처(十二處)와 18계(十八界)를 설명하면서, 그 중심에 해당하는 인간의 마음을 전5식과 제6식 등으로 분류하여 여섯 가지 마음의 종류를 설명하고 있습니다. 그러므로 초기불교에 있어서의 마음에 대한 언급은 제6식(第六識)이 중심이 되는 기본적인 이론적 구조를 가지고 있었다고 할 수 있습니다.

그리고 마음에 의해서 행복과 불행이 결정된다고 하는 사실이나 자업자득의 인과적 결과를 가지고 올 수 있는 근거가 마음에 있다고 합니다. 또한 마음의 변화에 의해서 자신의 삶의 변화가 이루어진다고 하는 등 마음에 대한 다양한 언급들이 나타나 있습니다. 특히 초기불교에서는 중생이 지니는 번뇌 망상의 집착된 마음을 유루심(有漏心)으로, 잘못된 마음을 벗어난 해탈의 경지를 무루심(無漏心)으로 표현하고 있습니다.

그러므로 마음의 종류에는 망상된 유루의 마음과 해탈이나 열반의 경지에 속하는 무루의 마음 등의 두 갈래 방향성을 설명함으로써 유루심을 떠나 무루심을 얻는다는 해탈을 위한 수행을 중시한 입장에서 마음을 분류하고 있는 것을 알 수 있습니다. 이와 동시에 일체를 설명하는 12처설이나 18계설 등에서는 인간의 인식주체를 육식(六識)으로 설명하고, 인식기관을 육근(六根), 이에 대응하는 대상을 육경(六境)으로 하는 범위를 설명하고 있습니다. 그러므로 초기불교에서는 아직까지 심(心)이나 의(意)나 식(識)의 구분 등과 같은 자세한 마음의 분류는 정리되지 못한 채 혼재되어 사용되었음을 알 수 있습니다.

부파불교의 심식설

부파불교 시대에 중시된 것은 업감(業感)연기설(緣起說)입니다. 업감연기설이란 초기불교에서 삶의 변화를 이루어내는 인과(因果)의 원리를 좀 더 확대 해석해서 인과의 원리를 중심으로 이 세상에 삼라만상의 모든 연기성을 밝히는 내용입니다. 그것을 부파불교에서는 업감연기설로 설명하고 있습니다. 여기에서 업감(業感)이라고 하는 말은 즉 업(業) 즉 'karma'라는 행위에 의해서 모든 것들이 펼쳐지고 서로 간의 관계성을 가지게 되었다는 의미입니다.

인간이 원인이 되는 행위를 했을 때에 그것이 어떤 결과로 나타나는가 하는 원인과 결과 사이에 일정한 법칙성을 인정하는 것이 인과의 관계입니다. 그러나 어떤 원인이 일어난 것은 이미 과거에 있었던 일이거나, 또는 어떤 원인이 일어나는 것은 현재 일어나는 일일 수도 있습니다. 과거의 행위에 대한 결과가 일어나는 것은 현재에 나타날 수 있고, 현재의 행위에 대한 결과는 미래에 나타날 수 있습니다. 그렇기 때문에 인과는 결국, 원인과 결과가 같은 시간에 일어나는 동시적(同時的)인 관계가 아니라는 의미로 이해됩니다. 그렇다면 때와 장소를 달리 할 수밖에 없습니다. 즉 시간을 달리하고 공간을 달리해서 과거의 원인이 현재에 과보로 드러난다든가 현재의 원인이 미래의 과보로 드러나게 되는 결과를 낳게 됩니다.

그렇다면 과거의 원인이 어디에 저장되고 보존되었다가 현재에 드러나는 것이며, 현재 우리들이 하는 행위들이 어디에 어떤 방식으로 보관이 되었다가 미래에 그 결과를 낳게 되는가라는 문제가 부파불교에서는 중요한 문제로 인식되게 됩니다. 그것을 부파불교의 설일체유부(說一切有部)에서는 삼세실유(三世實有)와 법체항유(法體恒有)라는 대표적인 용어로써 설명하고 있습니다. 삼세(三世)는 과거와 현재와 미래를 말하며 실유(實有)는 실제로 존재한다는 뜻입니다. 법체(法體)는 개체들의 변하지 않는 실체를 말하는 것이며, 항유(恒有)란 항상 변함없이 존재한다는 뜻입니다. 이와 같이 삼세와 법체가 실유하고 항상 한다는 입장을 갖지 않을 수 없었습니다. 이 결론은 업감연기설로 인한 인과의 동시적이지 못한 관계에 대한 해석을 하기 위해서라고 보입니다. 그러므로 과거와 현재, 현재와 미래를 이어주는 삼세라고 하는 과거와 현재와 미래가 실제로 존재해야만 하며, 또 과거나 현재의 자신의 업력의 주체가 그대로 현재와 미래로 지속되어야 한다는 것을 말합니다. 즉 업의 주체와 업의 작용이 항상 유지되어야 하며, 그것이 변화하지 않고 변모되지 않으면서 지속되어야 한다는 교리적 해석을 하지 않을 수 없게 된 결과입니다. 만약 삼세가 없다면 원인과 결과의 선후관계가 인정되지 않기에 인과가 성립될 수 없게 됩니다. 그리고 법체가 뚜렷하게 일정하지 않게 된다면 자신이 지은 원인에 대하여 자신이 받지 못하게 되거나, 남이 지은 원인을 자신이 받게 되는 혼란을 낳게 되어 일정한 인과관계가 성립될 수 없기 때문입니다.

그러므로 부파 불교인들이 이야기하는 업에 대한 행위의 인과적 사실을 설하는 업감연기설이 수긍을 얻기 위해서는 결국 과거와 현재와 미래를 시간적으로 인정하지 않을 수 없으며, 또 그 행위의 주체를 항상 있다고 하지 않을 수 없게 되었습니다. 이렇다면 초기불교에서 불교의 궁극적인 교설인 무아(無我)와는 정면으로 대치되는 상황을 낳게 되는 경우가 생깁니다. 무아는 삼세와 업의 주체를 부정하는 교설이기에 인과와 업감연기설로는 무아를 설명할 수 없기 때문입니다.

이러한 교학적인 한계에 봉착하면서 부파불교 안에서는 그 해결방안을 마음에서 찾기 시작하였습니다. 그래서 제6식과는 별도로 업감과 윤회의 주체를 마음속에서 상정하였으며, 업과 윤회의 주체인 제8 아뢰야식과 비슷한 심식에 대한 논의가 전개되었습니다.

대중부에서는 마음속에서 가장 근원이 되는 마음을 근본식(根本識)이라는 이름을 사용하기도 하였고, 상좌부에서는 유분식(有分識)이라는 용어를 사용했으며, 독자부는 보특가라라는 말도 사용하였고, 생사의 궁극적인 문제와 관련되었다는 점에서 궁생사온(窮生死蘊)이라고도 하였습니다.

이렇게 해서 부파 불교인들은 그들의 업감연기설이나 윤회설들을 정리하고 확장하기 위한 교학적 뒷받침으로 삼세실유와 법체항유에도 관심을 가졌지만, 오히려 인간의 내면적 마음속에서 문제를 해결하고자 노력하였습니다. 그래서 마음의 미세한 작용에 대한 논의가 본격적으로 시작되었습니다. 특히 마음은 '근본이 된다' 하여 심왕(心王)이라 하고, 이에 부속하여 다양한 심식활동을 하게 되는 것을 심소(心所)라 하여, 이들 심왕과 심소의 관계에 의하여 선과 악 등이 결정되는 것으로 간주하였습니다. 심소를 자세히 분류하여 선심소와 악심소로 나눠, 46종류의 심소법이 성립되게 되었습니다. 그리고 이러한 선심소와 악심소가 업의 원인으로 작용한다는 것으로 인과의 이치를 설명하고자 하였습니다.

그렇지만 부파불교 시대까지는 체계적이고 구체적인 마음에 대한 언급이 나타난 것은 아니며, 다만 산발적으로 이러한 교학적 전개가 이루어지고 있음을 알 수 있습니다. 이렇게 부파불교 시대에 다양하게 논의되는 마음, 특히 마음의 근본과 근원에 대한 고민들은 대승불교 이후에 나타나는 경전 속에서도 볼 수 있습니다.

대승불교 유식학의 원류

그렇다면 대승불교에서는 무엇으로 부파 불교인들의 이러한 교학적인 한계를 설명할 수 있었는가 하는 것입니다. 이이야기와 더불어서 또 한 가지 불교신앙과 교리의 바탕을 이루고 있는 윤회(輪廻)에 대한 생각을 하지 않을 수 없습니다. 물론 윤회는 인도 전통의 종교적 이해이기도 하지만 인도 전통의 윤회와 불교의 윤회는 많은 점에서 차이를 보입니다.

인도 전통의 윤회는 그 중심에 신(神)이 자리합니다. 신에 대한 인간의 봉헌을 통하여, 신(神)의 섭리에 의한 끊임없는 생사를 거듭하게 되며, 마지막 목표는 천상에 태어나는 것이며, 이것으로 윤회가 끝이 나는 것으로 설명합니다. 그러나 불교의 윤회는 자업자득에 의하여 자신의 행위와 그 결과에 따라서 생사가 반복된다는 점에서 자신의 노력에 따라서 생사를 결정할 수도 있다는 점에서 윤회의 원인에 대한 차이를 보입니다. 그리고 마지막 목표가 천상에 태어나는 것이 아니라 천상을 비롯하여 육도에서 완전하게 벗어나는 해탈을 얻는 것이 궁극적인 것이라는 점에서 윤회의 목표에 대해서도 다른 가르침을 주고 있습니다.

그러므로 윤회는 불교 안에서도 중요한 의미를 가지고 있는 것 중의 하나입니다. 윤회는 과거와 현재와 미래라는 연속된 과정을 바탕으로 하는 것입니다. 그렇다면 과거가 현재에 어떻게 영향을 주며, 현재에서 미래로, 미래에서 그 다음으로 연결해주는 것은 무엇에 의해서 가능한 것인가 하는 의문입니다. 이것은 업감연기설이 지니고 있는 문제점과 더불어서 해석한다면 윤회 안에서 과연 윤회를 가능하게 하는 역할을 하는 것은 무엇일까 하는 것으로 집중하여 설명될 수밖에 없습니다. 그렇다면 이제 우리는 사물의 실체라던가 시간의 실체를 인정함으로써 벌어지는 무아와 대치되는 상황을 극복하기 위해서 결국 윤회의 주체에 해당하는 것을 무엇으로 볼 것인가 하는 문제에 집중하게 됩니다.

결국 불교에서는 마음으로밖에는 이해할 수 없다는 사실을 인정하게 됩니다. 무아는 아(我)의 정체성을 부정하기 위한 것이 아니라, 아(我)에 대하여 집착하는 마음을 버리는 것이 목표이기 때문입니다. 그러므로 무아(無我)와 아(我)도 결국은 마음의 문제에 해당하며, 아(我)를 해탈한 무루심의 상태가 무아(無我)이며, 아(我)에 집착하는 유루심의 상태가 아(我)이기 때문입니다.

무아(無我)와 아(我)는 결국 무루심과 유루심에 의해서 결정되는 것이지, 그 자체가 있고 없는 것이 아닙니다. 무루심을 얻으면 이미 아(我)를 해탈하기에 무아(無我)일 수밖에 없으며, 유루심이 남아 있으면 아(我)에 대한 집착이 남아 있기 때문에 무아(無我)일 수가 없게 됩니다. 그러나 무루심과 유루심 또한 우리들의 마음을 떠나서 있는 것은 아닙니다. 번뇌의 방해가 있으면 유루심이 되고, 번뇌의 방해가 없으면 본래의 청정한 무루심이 되기 때문입니다.

그러므로 인과와 윤회와 공성(空性)에 대한 원인을 규명함에 있어서도 마음을 떠나서는 찾을 수 없게 됩니다. 왜냐하면 마음은 특정한 실체나 주체가 아니면서 인간행위의 중심에 위치하고 있으며, 인간의 행복과 불행을 결정하는 중요한 역할을 담당하고 있기 때문입니다. 인과를 설명할 수 있는 유일한 방법이 된다는 것입니다. 그러므로 마음에 의해서 업감의 연기나 인과의 이치도 설명할 수 있게 되었고, 윤회를 설명할 수 있는 가능성도 있게 되었습니다. 또한 인과와 연기라는 현상적인 문제의 원인인 번뇌를 비롯해서 불교의 궁극적인 목표가 되는 수행으로 얻어지는 해탈의 지혜도 역시 마음을 떠나서는 설할 수 없습니다. 왜냐하면 번뇌의 단멸과 지혜의 완성도 결국은 마음의 변화를 통해서 가능하기 때문입니다.

이러한 문제의식은 점차 대승불교 안에서 논의되기 시작하였으며, 마음의 중요성에 대하여 초기 대승경전에서부터 언급되기 시작하였습니다. 유식사상의 선구적인 경전에 해당하는 대승경전들이 몇 가지 있습니다. 특히 초기 대승불교의 중요한 경전인 『화엄경』과 같은 경우를 들 수 있습니다.

『화엄경』에서는 삼계유심(三界唯心)과 일체유심조(一切唯心造)를 설합니다. 일체는 모두 오직 마음이 지었다고 하면서 마음의 작용성을 중요하게 생각합니다. 그러나 여기서는 마음이라는 추상적인 용어를 사용했을 뿐, 마음에 관한 세부적인 내용들은 보이지 않습니다.

부파불교 시대에 다양하게 언급되었던 마음과 관련한 사상들이 정리되어 나타나기 시작하고, 마음에 대한 체계적인 언급이 점차 드러나는 것은 대승 중기경전인 『능가경』이나 『해심밀경』·『대승밀엄경』 등에서 입니다. 특히 『해심밀경』은 유식의 근본 소의경전이 되며, 윤회의 주체인 종자를 지니는 아뢰야식에 대한 언급이 최초로 있고, 공(空)을 새롭게 해석하기 위한 삼성설(三性說) 등의 유식의 기본적인 교학이 설해져 있습니다. 그리고 유식의 지관(止觀)수행과 그 수행의 과보에 대한 설명 등이 부가되어 있는 것은 심식에 대한 이론적 정비와 함께 수행도에 대한 설명이 이루어지고 있음도 알 수 있습니다.

이런 과정을 통해서 마음에 대한 불교교학의 발전적인 전개가 있게 되었습니다. 다른 한편으로 마음에 대한 이론적인 이해에만 머물지 않고 수행도와 수행자들의 체험을 바탕으로 하고 있음도 간과할 수 없습니다. 불교에서는 이론적 전개와 더불어서 실천적으로 수행하는 수행과정에서 자기가 증득한 내용들을 체계화하는 것과 함께 교학적 정비가 일어났다는 사실입니다.

그러므로 앞으로 말씀드릴 마음에 관한 체계적 내용이나

지금까지 말씀드린 마음에 대한 연구 성과들은 이론에만 국한된 것이 아니라 실제로 수행했던 사람들의 경험과 체험을 통하여 그들의 증득에 의해서 체계적으로 드러난 것이라는 사실입니다. 유식을 공부한다는 것은 단순히 교학을 이해하는 것을 의미하는 것이 아니고, 자신의 마음을 성찰하고 관조하는 실천적 의미를 내포하고 있습니다. 아울러 이를 통해서 유식에 대한 정확한 이해를 얻어 우리들의 마음을 변화시키는 노력을 하는 것이 유식을 공부하는 목표라고 말할 수 있습니다.

| 제3강의 |

유식학의 전개

유식학의 전개

유식사상이 본격적으로 펼쳐져 가는 과정에 대해 살펴보겠습니다. 초기불교 이후 마음에 대한 심식설은 부파불교 시대에 와서 더욱 세부적으로 연구되었고, 대승경전인『화엄경』과『능가경』·『해심밀경』·『대승밀엄경』등에서 구체적인 내용이 밝혀지게 되었습니다. 이러한 사상적 전개과정을 거치면서 유식사상이 본격적으로 정리되는 것은 서기 4세기 정도로 알려지고 있습니다.

유식학의 성립과 논사의 역할

1) 미륵

최초의 유식에 관련된 논서의 저자는 미륵(彌勒)이며, 현재에도 미륵이라는 이름으로 많은 저술들이 남아 있습니다. 특히 유식사상의 가장 근원적인 이론을 담고 있는 100권에 달하는『유가사지론』이 미륵의 저술로 알려져 있습니다. 뿐만 아니라 다양한 초기유식의 이론들이 포함되어 있는『분별유가론』・『대승장엄경론』・『변중변분별론』・『금강반야바라밀경론』 등이 있습니다.

이들 저서들이 미륵이라는 이름으로 남아 있는 것은 사실이지만, 이것에 대한 몇 가지 다른 견해가 있는 부분도 있습니다. 특히 미륵과 더불어 언급되는 무착(無着: Āsaṅga)이라는 인물에 대해서 이해할 필요가 있습니다. 무착은 자신의 견해를 얻기 위해서 스승으로 삼았던 사람을 미륵으로 밝히고 있습니다. 무착은 미륵을 통해서 유식사상을 전수받았으며, 미륵의 지도로 유식사상을 정리하였다고 합니다.

무착의 전기(傳記)에 의하면 무착은 밤마다 도솔천에 상승해서 미륵보살을 친견하고, 미륵보살로부터 유식의 대의를 전해 받고, 이것을 세상에 베풀었다고 하면서, 저술의 저자를 대부분 미륵으로 쓰고 있습니다.

이런 사실에 대해서 후대의 학자들은 '과연 미륵이 실존인물이었는가'라는 의문을 가지게 되었고, '설화에 의한 신앙적 인물이 아니었을까'라는 의구심을 갖기도 하였습니다. 그래서 지금도 미륵이 실존 인물인가, 아니면 설화적 인물인가 하는 여러 가지 논란들이 있습니다. 대부분 실존 인물이었다고 주장하는 사람들은 미륵의 저술이었다고 하는 『유가사지론』 등을 비롯한 다양한 저술들을 보고 실존인물이었다고 주장합니다. 또 한편에서는 대승불교에서 새롭게 드러난 유식의 사상이 대중들의 호응과 정당성을 인정받기 위해서 이상적인 인물이 필요했을 것으로 보고, 설화적인 인물인 미륵으로부터 무착이 배웠다는 주장을 하기도 합니다.

그러나 오늘날 체계적인 연구에 의하면, 종교적·신앙적 권위를 획득하기 위하여 무착이 도솔천의 미륵보살을 받들고, 그의 견해를 수용하였다고 보기에는 설화적인 내용이 너무 강조되어 있어서 인정하기가 어렵다고 보고 있습니다.

그리고 실존 인물이었다는 점에 대해서는 의문을 가지고 있는 것이 사실입니다. 왜냐하면 미륵의 남아 있는 저술들의 내용이 워낙 다양하고 방대하기 때문에 한 사람의 저술로는 보이지 않기 때문입니다. 미륵의 저술로 남아 있는 저서들은 내용상에서도 대단히 복잡하고 상반된 견해도 함께 나타나고 있습니다.

이런 주장들을 정리한다면 무착 이전에 있었던 다양한 유식사상에 관련된 연구 성과를 종교적 권위를 얻기 위하여 미륵이라는 이름으로 가탁(假託)하여 무착이 소개하려고 하였던 것은 아닌가 하는 생각들로 정리할 수 있습니다.

이런 과정은 유식사상의 형성과정이나 전개가 상당히 오래되었으며, 그 과정 자체가 복잡하게 얽혀 있다는 사실을 이야기하는 대표적인 것이라고 볼 수 있습니다.

2) 무착

무착(無着, Āsanga)은 4세기경에 인도 간다라 지역에서 태어난 사람으로 부파교단에 출가하여 모든 학설을 통달하고, 대승교단에 입문한 사람입니다. 그리고 미륵신앙을 기반으로 하여 신통력을 얻어서 도솔천에 상승하여 미륵보살을 친견하고 유식의 가르침을 들었다고 전해집니다.

교설의 내용을 편집하여 유식과 관련된 최초의 저서를 미륵의 이름으로 5권을 남기는 업적을 이루었으며, 이외에도 『능가경』과 『해심밀경』 등의 유식관련 대승경전들을 공부하고, 만법유식을 깨달아 『섭대승론』·『현양성교론』·『아비달마경론』 등을 직접 저술하였습니다. 무착의 이와 같은 성과로 하여 유식에 관련된 기초적인 이론이 정리되고 널리 보급되는 계기를 맞이하게 되었습니다.

특히 미륵이 설화적인 인물이고, 그의 이름으로 남아 있는 저술의 내용이 기존의 유식관련 학설들을 종합한 것을 의미한다면, 이것을 남긴 사람이 무착이기에 대승의 본격적인 유식학은 무착에 의해서 시작되었다고 할 수 있습니다.

3) 세친

세친(世親, Vasubāndhu)은 무착의 동생으로 처음에는 부파교단에 출가하여 부파불교의 대표적인 저서인 『아비달마구사론』을 저술할 정도로 뛰어난 역할을 하였지만, 형이라고 알려진 무착의 권유로 대승의 가르침을 접하고 나서, 특히 유식에 대한 이해가 뛰어나 관련서적들을 저술하게 됩니다. 이 중에서 미륵의 『유가사지론』과 무착의 『섭대승론』을 기초로 하여 유식을 종합적으로 조직한 『유식삼십송』이 대표적이라 할 수 있습니다.

『유식삼십송』은 유식의 체계화된 내용을 게송으로 정리한 것으로 본격적으로 유식학이 정리되는 계기가 되었습니다. 『유식삼십송』의 게송은 서른 개로 이루어졌으며, 하나의 게송은 5자씩 4구 게로 되어 20자이기 때문에, 『유식삼십송』에 나타나는 자구는 모두 600자에 불과합니다.

중관사상을 주도한 용수의 『중송』은 500여 게송에 해당하는데 그 게송을 연구하는 전통이 중관사상을 형성하는 계기가 되었듯이, 세친의 『유식삼십송』에 관한 많은 주석서들이 인도에서 나타나 유식사상이 활발하게 연구되는 계기가 됩니다. 이를 주도한 주석가들을 십대논사라고 부릅니다. 세친의 『유식삼십송』 이후 십대논사가 활동하는 시기는 유식에 대한 본격적인 연구시대라고 말할 수 있습니다.

4) 현장

『유식삼십송』에 대한 십대논사들의 다양한 연구서를 종합적으로 정리한 사람은 중국의 현장(玄奘, 602~664)법사라고 할 수 있습니다. 현장은 유식을 공부하기 위해서 인도로 구법여행을 합니다. 그래서 다양한 유식관련 경론들을 중국에 소개하게 되는데, 특히 그 중에는『유식삼십송』에 대한 본격적인 연구가 진행되던 십대논사들의 주석서들도 포함되어 있습니다.

이 십대논사들의 주석서를 호법(護法)의 견해를 중심으로 정리한 번역서를 남기게 되는데, 그것이『성유식론』입니다. 그렇기 때문에『성유식론』은 인도 유식사상에 대한 연구서들을 종합적으로 정리한 것이라고 할 수 있습니다.

이렇게 볼 때, 미륵이라는 이름으로 남아 있는 저술은 기존의 유식에 대한 다양한 연구 성과가 집성된 것으로 초기 유식학을 형성하는 배경이 되었다고 할 수 있습니다. 무착은 기존의 비체계적인 사상들을 정리한 업적을 남겼다고 할 수 있으며, 세친의『유식삼십송』에 이르러 유식과 관련된 이론들이 정리된 사상으로 체계화되었다고 할 수 있습니다. 그러한『유식삼십송』에 대한 다양한 인도의 주석서들의 연

구 성과가 현장에 의해 묶여져서 『성유식론』으로 드러난 것
이기 때문에, 『성유식론』은 유식의 중요한 논서라고 할 수
있습니다. 또한 현장의 제자 규기(窺基)는 『성유식론』에 기반
을 두어 중국에 법상종(法相宗)을 형성하였습니다.

유식의 중국 전래

중국에는 현장 이전에 이미 인도 유식이 도입되어 있었으
며, 이를 크게 시기와 내용에 따라 세 단계로 구분합니다.
첫째는 보리유지(菩堤流支)가 508년 중국에 와서 『십지경론(十
地經論)』을 번역하여, 지론종(地論宗)의 유식을 펼친 것이며,
둘째는 진제(眞諦) 삼장(三藏)이 서기 563년 『섭대승론(攝大乘
論)』을 번역하여 섭론종(攝論宗)의 유식을 전파한 것이며, 셋
째는 현장법사(玄奘法師)가 인도에서 유학하고 645년에 『유식
삼십송(唯識三十頌)』에 대한 주석서 100권을 가지고 귀국하여,
『성유식론(成唯識論)』 10권을 번역함으로써 법상종(法相宗)의
유식사상이 전해진 것입니다.

유식의 한국 전래

한국에 유식이 전래된 것은 원광법사(圓光法師)가 중국에 가서 섭론종(攝論宗)의 교학을 공부하고 온 것이 처음입니다. 그 후 원측법사(圓測法師, 613~696)가 중국에 유학하여 지론종과 섭론종과 법상종의 유식사상을 종합적으로 연구하여 크게 발전시켰습니다.

원측법사는 15세에 당시에 유명한 학자로 알려진 법상대사(法常大師)와 승변대사(僧辯大師)에게 『섭대승론』을 공부하는 등 종파를 초월하여 대승교리와 소승교리를 함께 연구하였습니다. 원측법사를 중심으로 한 유식학파가 형성하게 되었는데 이들을 서명학파(西明學派)라고 부릅니다. 이는 원측법사가 서명사(西明寺)에 주석하며 제자들을 교육하였기 때문에 호를 서명(西明)이라고 한 데서 비롯된 것이라고 볼 수 있습니다.

법상종이 호법논사(護法論師)의 유식만을 최상의 진리라고 고집한 것과는 달리 원측법사는 안혜논사(安慧論師)의 유식을 비롯하여 모든 학설을 종합적으로 수용하였습니다. 원측법사는 『해심밀경소(解深密經疏)』 등 많은 저술을 하여 한국과 중국의 유식학에 영향을 끼쳤습니다.

현재 남아 있는 둔윤법사(遁倫法師)의 『유가론기(瑜伽論記)』,

태현법사(太現法師)의 『성유식론학기(成唯識論學記)』 등에도 원측의 유식학이 많이 인용되어 있습니다. 이는 법사의 유식학이 신라불교에 많은 영향을 끼쳤음을 입증하는 것입니다. 신라 이후 유식의 전통들이 한국에서도 널리 알려지게 되었습니다.

유식의 특성

본격적으로 유식사상이 정리되고 체계화되면서 기존의 부파불교의 심식설과 비교하여 뚜렷하게 드러나는 성과를 몇 가지로 정리 하겠습니다

1) 심체별설(心體別說) 마음의 체성이 서로 다르다

초기불교와 부파불교에서는 대체로 마음의 체성은 하나라고 하는 심체일설(心體一說)이 중심이었습니다. 그래서 심(心)과 의(意)와 식(識)은 그 이름만 다를 뿐 작용이 같기 때문에 이들을 구분 없이 사용하였지만, 유식학에서는 심(心)과 의(意)와 식(識)을 구분하여 사용하기 때문에 마음의 체성이 심식마다 각기 다르다는 심체별설(心體別說)을 주장합니다.

이것은 초기 부파불교에서는 마음에 대한 자세한 설명을 하기보다 마음의 평정으로 해탈을 얻고자 하는 것을 우선시

하였기 때문으로 보입니다. 그러나 대승불교에 이르게 되면, 초기 대승경전들인 『반야경』과 『화엄경』·『법화경』 등에서 이미 공(空)사상을 비롯한 다양한 이론들과 보살의 수행도 등이 펼쳐지게 되었습니다.

특히 중관사상은 『반야경』의 공(空)의 설명에서 깊은 이론적인 논란을 일으키게 되었고, 다양한 해석들을 제공하게 됩니다. 그러나 초월적인 공(空)을 관하고 공을 이론적으로 설명한다는 것은 현실적으로 불가능하게 되었으며, 이에 대한 잘못된 견해도 나타나기 시작하였습니다.

중관사상 이후에 등장하는 유식사상은 이러한 시대적인 배경을 바탕으로, 공(空)을 해석하기에 앞서 일체의 대상과 마음에 대한 분류를 시도하고, 그 중심에 마음이 있다는 점을 중시하여, 일체는 마음에 의하여 나타나는 것을 관찰하기 위하여 마음의 구조와 작용에 대한 자세한 검토가 필요하게 되었습니다. 그리고 마음의 자세한 관찰을 통하여 결국 대상들이 마음에 의해서 나타나는 것이기에 공(空)함을 알게 되고, 마음 또한 공(空)한 대상과 관련되어 있기에 공(空)할 수밖에 없다는 결론에 도달하게 됩니다.

결국 중관사상과 그 목표를 같이하고 있음을 알 수 있습니다. 공(空)함을 그대로 받아들이는가 아니면 마음의 분석적인 이해를 통하여 공(空)을 받아들이는가의 차이가 존재할 뿐입니다.

이런 점에서 유식학에서는 마음에 대한 자세한 검토가 필요하게 되고, 체계적으로 마음을 정리해야 할 필요성을 갖게 됩니다. 일반적으로 마음이라 하면 총체적인 우리들의 정신세계를 말하지만, 그것은 구조와 작용면에서 몇 가지로 분류가 가능하며, 이러한 분류를 통하여 자세하게 마음을 관찰할 수 있게 됩니다. 이점에서 유식에서는 마음을 크게 심(心)과 의(意)와 식(識)으로 나누어 설명합니다.

심(心)은 제8 아뢰야식(阿賴耶識)을 말하며, 정신과 육체 등으로 조성한 업력과 일체의 종자(種子)를 능히 저장하여 보존하면서 항상 몸과 마음을 유지시켜 주고, 인간이 사는 객관세계를 인식할 수 있도록 유지시켜 주는 근원적인 역할을 합니다.

의(意)는 제7 말나식에 해당하며, 항상 번뇌로 집착하는 사량(思量)의 작용을 하며, 무아(無我)의 진여성(眞如性)을 망각하고, 아집(我執)과 법집(法執) 등의 번뇌의 작용을 발생하는 것을 말합니다. 무아의 이치를 망각하고 아치(我痴) · 아견(我見) · 아만(我慢) · 아애(我愛) 등 4종의 근본번뇌를 항상 일으키는 역할을 하기에 번뇌식에 해당합니다.

식(識)은 육식(六識)을 말하며, 안식(眼識)·이식(耳識)·비식(鼻識)·설식(舌識)·신식(身識)·의식(意識) 등이 여기에 속하며, 항상 대상에 대하여 뚜렷하게 인식하는 요별(了別)작용을 하여, 이것과 저것을 구별하여 사물을 관찰하고 구별하는 분별심을 일으키게 합니다.

이와 같이 유식에서는 그동안 구분 없이 사용되었던 심(心)과 의(意)와 식(識)에 대하여 세분하여, 그 작용성을 달리 설명함으로써, 심(心)은 제8 아뢰야식, 의(意)는 제7 말나식, 식(識)은 전5식과 제6식으로 하여 심식을 여덟 가지의 식으로 구분하는 8식설(八識說)로 설명하는 유식의 특성적인 견해를 갖게 되었습니다.

2) 8식설 심식을 8가지로 분류하다

유식의 사상가들에 의해서 정리되는 내용들 중에는 '8식설'을 들 수 있습니다. 8식설이란 마음을 여덟 가지로 구분한다는 뜻입니다. 초기불교에서 인간의 마음은 유루심과 무루심이라는 두 가지 마음, 즉 깨닫지 못한 마음과 깨달은 마음의 두 가지로 소개하였습니다. 그리고 유루심, 즉 깨닫지 못한 마음을 여섯 가지 식(識)으로 분류하였습니다.

안식·이식·비식·설식·신식·의식 등의 여섯 가지 식(識)으로 초기불교가 심식에 대한 설명을 하였지만, 정리된 유식에서는 8식설 즉 여덟 가지의 심식으로 정리하게 됩니다. 그 중에 기본적으로 6식이 그대로 유식에 받아들여지고, 여기에 제7식과 제8식을 포함해서 여덟 가지의 식(識)으로 나누는 것이 정리된 유식의 특징 중의 한 가지입니다. 이렇게 해서 작게는 여덟 가지의 식으로 나눌 수 있으며, 크게는 전5식과 제6식을 하나로 묶고, 제7식과 제8식을 더하여 세 가지의 식으로 보는 경우도 있습니다. 이들 심식은 대상을 인식할 수 있는 능력을 지닌다는 의미로 능변식(能變識)이라 합니다. 가장 근원이 되고 발생순서가 앞서는 제8식이 초능변식, 또는 제1 능변식이 되고, 제7식이 제2 능변식이 되며, 전5식과 제6식이 합하여 제3 능변식이 됩니다.

3) 3능변식   마음의 주체를 3가지로 정리하다

3능변식은 대상을 인식할 수 있는 능력을 지닌다는 의미로 능변식(能變識)이라 합니다. 이것은 8식설과는 달리 심식의 구조를 크게 세 가지로 보는 경우입니다. 능변(能變)이라는 말을 유식에서 심식을 말할 때에 주로 사용합니다. 능변의 대상은 소변(所變)입니다. 능(能)과 소(所)는 상대적인 개념이며, 능(能)은 주체가 된다는 의미이고, 소(所)는 그 대상이 된다는 의미입니다. 보통 능(能)이라고 하는 것은 인식주관을 설명할 때 쓰이는 용어이며, 소(所)라고 하는 것은 인식대상을 말할 때 쓰이는 용어입니다.

따라서 능(能)이 붙는 용어는 인식주관 즉 심식을 말하고, 소(所)가 붙는 용어는 인식대상에 대한 것이라고 할 수 있습니다. 그러므로 여기에서 능변식이라는 용어를 쓰는 경우는 대상에 의해서 인식이 결정되는 것이 아니고, 인식주관에 의해서 대상이 결정되기 때문에 심식이 보다 능동적인 역할을 하고, 대상은 수동적인 역할을 한다는 점에서 심식의 이름을 능변식이라고 사용하고 있습니다.

또한 능변과 소변에 붙여진 변(變)에는 또 다른 의미가 포함되어 있습니다. 변(變)이라고 하는 것은 '변화·움직임·달라짐' 등의 의미로 해석될 수 있는 것이기 때문에 인식주관과 인식대상의 상호관계에 따라서 변화될 수 있다는 여러 가지의 가능성을 열어둔 용어입니다.

제1, 제2, 제3으로 불리는 숫자는 심식이 발생하는 순서에 따라서 붙여진 이름입니다. 그러므로 제1 능변식은 제8식을 말하며, 가장 근원적이고 근본적인 심식이 되고, 제2 능변식은 두 번째의 심식인 제7식이며, 제3 능변식은 전5식과 제6식을 함께 말합니다.

제3 능변식 중에 전5식은 안식·이식·비식·설식·신식을 말하며, 제6식인 의식과 구분해서 앞에 있는 다섯 가지

식이란 점에서 전5식(前五識)이란 이름이 붙었으며, 의식은 전5식 다음의 제 여섯 번째 식이라는 의미에서 제6식이라고 합니다. 이렇게 기존의 심식에 대한 구조나 작용에 대한 다양한 이론들이 4세기 이후 세친이 활동하는 시대에는 8식설이나 3능변식으로 체계적으로 정리되는 것을 유식사상의 본격적인 시작이라고 할 수 있습니다.

지금까지는 유식사상이 형성되는 과정을 살펴보았습니다. 이제 이런 과정들을 통해서 앞으로 우리가 해야 될 공부는 제1 능변식·제2 능변식·제3 능변식에 대한 심식의 작용과 구조 또는 이 심식들이 어떤 역할을 하며, 어떻게 이해함으로써 우리내면의 마음을 스스로 조절하고 통제하여, 마음의 변화를 추구할 수 있겠는가라는 내용이 중심이 됩니다.

4) 5위 100법 일체법에 대한 분류

완성된 유식학에서는 유식과 관련된 내용을 체계적인 분류법으로 설명합니다. 이것을 유식학에서는 5위(位) 100법(法)이라는 용어를 쓰고 있습니다. 물론 이런 분류방법은 기존의 부파불교에서도 없었던 내용은 아닙니다. 부파불교 시대에는 5위 75법으로 정리하여, 물질을 의미하는 색법(色法)을 중심으로 일체를 분류하였던 성과가 있었습니다. 그러나 유식에서는 심법(心法)을 중심으로 5위 100법이라는 체계적인 정리가 일어나는데, 이 5위 100법은 일체를 분류한 것을 의미합니다.

우리를 둘러싼 일체 모든 것들을 과연 어떻게 체계적으로 분류할 수 있는가 할 때 유식학에서는 5위 100법이라는 분류법을 사용하고 있습니다(204쪽 도표 참조). 유식에서는 심법(心法)이라는 심왕(心王), 즉 마음을 왕과 같이 중시하는 입장에서 일체를 다시 분류하게 됩니다. 이는 심법(心法)을 중심으로 한다는 점에서 부파불교와는 다른 근원적인 변화를 바탕으로 하고 있다는 차이가 있습니다.

정리된 유식학에서 일체의 중심은 심왕, 즉 심법이 중심이 되고, 심왕을 여덟 가지의 심식으로 분류하면서, 마음에 대한 자세한 언급들이 본격적으로 나타나게 됩니다. 심왕에 부속되는 세부적인 마음들을 심소(心所)라고 합니다. 심왕은 심식 그 자체를 의미한다면 심소는 심왕에 부속되는 더욱 자세한 심식의 작용을 말합니다. 그리고 심왕과 심소와 관련해서 색법(色法)을 논하게 되고, 심왕과 심소와 관련 없는 것을 불상응행법(不相應行法)이라 해서 분류하게 됩니다. 이러한 심왕과 심소와 색법과 불상응행법의 네 가지는 유루법에 속합니다. 마지막 다섯 번째는 유루를 떠난 무루법이라 합니다.

이와 같은 다섯 가지는 일체를 분류하는 가장 큰 단위의 분류법이기에 이것을 5위라고 합니다. 5위 각각에 또 다시 다양한 요소들을 설하고 있으며, 이들을 모두 합하면 100법이 됩니다. 이런 유식의 5위 100법의 분류법은 유루와 무루를 포함하는 것으로 중생계와 해탈계를 통괄하는 넓은 범위에서의 일체에 대한 분류방법이며, 그것의 중심에 심법을 두고 있는 것에서 유식학의 특성적인 의미가 보입니다.

그러므로 유식을 공부한다는 것은 여덟 가지 마음에 대한 분류와 작용과 더불어서 일체와 관련하여 마음이 어떻게 움직이고 변화하는가 하는 것을 내용으로 한다고 할 수 있습니다. 이와 관련하여 심왕과 심소·색법·심불상응법 등의 네 가지 유루계와 이를 벗어난 무루계에 대한 해석을 통하여 일체는 오직 마음에 의하여 인식되는 것일 뿐이라는 유식실성(唯識實性)을 깨닫는 것을 의미합니다. 그러므로 정리된 유식을 공부한다는 것은 5위 100법의 자세한 분류에 대한 이해와 함께 심식의 구조와 작용에 대해서 공부하는 내용이라고 하겠습니다.

| 제4강의 |

제3 능변식(1)

제3 능변식(1): 전5식

앞에서 유식사상의 형성과정과 전개 과정에 대해 설명을 드렸다면, 이제는 유식에서 가장 중요한 심식의 구조와 작용에 대해 살펴보고자 합니다.

인간의 삶과 인식작용 인식이 삶을 결정 한다

유식학의 설명으로는 인간의 심식(心識)은 주인이 되고, 대상은 보조가 될 뿐이라고 해석하고 있습니다. 다시 말해 인간의 심식이 왕이 되어 신하를 다스리는 것과 같이 인식을 중심으로 하는 입장에 있다는 뜻입니다.

이런 부분을 불교교학과 관련해서 설명을 드리겠습니다. 자신과 자신이 살고 있는 세계에 대해서 어떤 가치관을 가지는가 하는 것은 그 사람이 살아가는 중요한 요인으로 작용할 수 있습니다. 불교에서는 우리가 살고 있는 이 세계의 일체의 대상을 법(法)이라는 용어로 설명하는 경우가 있습니다. 그리고 이 세계에 살고 있는 유정(有情)들을 아(我)라는 용어로 대변하는 경우가 있습니다.

이 때 유식학에서 아(我)의 능동적인 인식작용을 세상을 바라보는 자의 입장이라는 뜻으로 견분(見分)이라는 용어로 설명하고 있으며, 법(法)이라는 용어는 바라보이는 인식의 대상이 된다는 뜻에서 상분(相分)이라는 용어를 사용합니다. 이렇게 되었을 때 이 견분은 바로 인식의 주체가 되고, 상분은 인식주체에 의하여 보이는 것으로 인식의 대상이 됩니다.

이렇다면 인간이 삶을 영위한다고 하는 것은 나(我)를 둘러싸고 있는 수많은 대상(法)들에 대해 어떠한 내용으로 인식하여 어떤 행위를 하게 되는 행위의 연속이라고 설명할 수 있을 것입니다. 그러므로 끊임없는 인식작용을 바탕으로 해서 그 대상에 대해서 어떤 행위를 지속적으로 하게 될 때, 이것을 우리들은 인간의 삶이라고 생각할 수 있습니다.

부연한다면 한 개체가 살아가고 있는 상황에 대해 어떻게 대상을 인식해서 받아들이고, 받아들여진 인식을 바탕으로 해서 그 대상에 대해서 어떤 행위를 하는가 하는 것이 그 사람의 삶을 결정하는 중요한 요인이 된다는 것입니다. 결국 대상을 어떻게 인식하는가라는 문제가 그 사람의 삶을 결정할 수 있다는 의미입니다.

발식취경 심식을 발하여 대상을 취한다

유식학에서는 발식취경(發識取境)이라는 용어를 사용합니다. 발식취경이란 식(識)을 발(發)하여 대상[境]을 취(取)한다는 의미이며, 식(識)이라는 것은 우리들의 심식을 말하고, 경(境)은 대상의 세계를 의미합니다. 여기에서도 아(我)와 법(法)의 관계라고 볼 수 있습니다. 이렇게 될 때 무엇이 주도적으로 인식을 결정하는가 하는 문제에 있어서 발식(發識), 즉 심식이 먼저 발하고, 다음에 그 심식이 대상인 법(法)의 대상을 취한다는 의미가 됩니다.

발식취경의 입장에서 본다면 결국 인간의 활동이나 삶을 결정하는 요소는 나의 인식주체, 즉 심식이라는 것을 자연스럽게 이해할 수 있습니다. 그렇기 때문에 심식을 가장 중요한 것으로 생각하는 뜻에서 심왕(心王)이라는 용어를 사용하고 있습니다. 그러므로 심왕이란 우리들의 마음의 세계, 즉 인식의 주체이면서 나의 삶을 만들어 가는 중심에 있는 것이라고 할 수 있습니다.

심왕의 구성   8가지 심왕

마음의 주체가 되는 심왕이 어떤 구조를 지니고 있는가
하는 것을 살펴보겠습니다. 심왕에는 크게 세 가지의 능변
식으로 나누어진다고 하였습니다. 능변식이란 대상을 주도
적으로 인식하고 변화시킬 수 있다는 점에서 붙인 이름입니
다. 여기에는 제1, 제2, 제3의 능변식이 있습니다. 제1 능변
식에 제8식이, 제2 능변식에 제7식이, 제3 능변식에 제6식과
전5식이 해당합니다.

능변의 순서는 구조상으로 근원적이고 가장 깊은 곳의 마
음에서부터 순차적으로 서술된 것이기 때문에, 제1능변식인
제8식이 가장 깊은 내면의 의식이고, 그 위에 제2능변식인
제7식이 자리 잡고, 그 위에 다시 제3능변식인 제6식과 전5
식이 자리 잡고 있습니다.

그러므로 우리들의 입장, 즉 인식주체의 입장에서 가장 쉽
게 확인할 수 있는 것은 표면에 드러나 있는 제3 능변식에
서부터 제2 능변식, 제1 능변식의 순서가 되겠습니다. 그러
므로 우리가 공부하기에는 가장 쉽게 인식할 수 있는 제3능
변식인 전5식과 제6식에 대해서 먼저 공부하는 것이 순서상
바람직하다고 생각합니다.

18계와 전5식   초기불교 심식설의 수용

지금부터 마음의 가장 표면에 자리 잡고 있는 것으로 우리들이 인식할 수 있는 감각적이고 일차적인 제3 능변식인 전5식과 제6식에서부터 살펴보고자 합니다. 전5식과 제6식은 초기불교에서부터 중요하게 취급되어 왔습니다.

초기불교 경전인 『아함경』에서는 대체적으로 인간과 이 삶의 세계에 대한 문제에 대해서 아주 자세하게 분석적으로 설명하고 있습니다. 그 중에서도 특히 18계설을 통해 인간과 세계의 분류에 대해서 설명하는 경우가 많습니다. 그러므로 18계설을 이해하는 것이 제3능변식인 전5식과 제6식에 대한 설명에 도움이 될 것으로 생각됩니다.

18계설은 일체에 대해서 6경(境)·6근(根)·6식(識)으로 설명합니다. 먼저 6경에서 경(境)이라는 의미는 인식의 대상으로 사용됩니다. 즉 여섯 가지의 인식대상이라는 뜻이 됩니다. 6경은 색경(色境)·성경(聲境)·향경(香境)·미경(味境)·촉경(觸境)·법경(法境)이 여기에 해당됩니다. 6근은 여섯 가지의 근(根), 즉 인식을 담당하는 기관을 말하며, 안근(眼根)·이근(耳根)·비근(鼻根)·설근(舌根)·신근(身根)·의근(意根)을 말합니다. 6식은 여섯 가지의 인식을 담당하는 심식을 말하며, 안식(眼識)·이식(耳識)·비식(鼻識)·설식(舌識)·신식(身識)·의식

(意識)이 해당됩니다.

　이들 18계(界) 가운데 인식을 주로 담당하는 여섯 가지 식을 말하는 여섯 가지 식이 제3 능변식에 해당합니다. 이 중에서도 앞에 있는 다섯 가지의 인식은 주로 대상에 대한 감각적인 인식에 해당하기에 제6식인 의식을 제외한 안식·이식·비식·설식·신식의 다섯 가지 감각인식을 전5식(前五識)이라 합니다. 앞에 있는 다섯 가지 감각인식이란 뜻입니다. 그리고 제6식인 의식이 여섯 번째에 해당하기에 전5식과 구별하여 제6식이라 합니다.

　전5식과 제6식은 인식작용의 차이가 있기에 구분하여 설명하려는 의도에서 지어진 이름입니다. 전5식은 각기 자신의 대상만을 인식할 뿐 다른 대상은 인식할 수 없지만, 제6식은 모든 대상을 인식할 수 있을 뿐만 아니라 대상이 없이도 기억과 추리 등의 인식작용을 할 수 있기 때문입니다.

전5식의 종류　5가지 감각의 인식작용

　먼저 전5식이란 안식·이식·비식·설식·신식을 말합니다. 이 전5식은 혼자서만 작용할 수 있는 심식은 아니고, 이것은 반드시 인식할 수 있는 감각기관을 갖추어야 된다고 하는 점에서 5근과 함께 설명하고 있습니다. 그리고 만약에 인식주관인 5식과 인식기관인 5근이 있다 할지라도, 그 대상이 되는 5경이 없다면 인식은 일어날 수 없습니다. 그러므로 인간이 인식할 수 있는 다섯 가지의 대상인 5경과 인식기관인 5근과 인식작용을 하는 5식들이 서로 관련지어질 때 비로소 인식이 일어날 수 있다는 뜻에서 제6식인 의식과는 구분됩니다.

이것을 유식에서는 5경과 5근과 5식이 서로 만나서 인식할 수 있는 조건을 갖추는 것을 서로 상응(相應)하여 일어난다고 하며 삼사화합(三事和合)이라는 용어로 설명합니다. 삼사화합이라는 것은 전5식의 인식이 성립될 수 있는 필요충분조건으로서 반드시 이 세 가지가 서로 화합되었을 때 인식이 이루어질 수 있다는 것을 설명하는 방법입니다. 전5식 중에서 먼저 안식부터 차례대로 살펴보려고 하는 것은 앞서 말씀드린 대로 유식에서 설명하는 용어의 순서는 가장 표층적으로 표면에 드러나 있는 심식부터 설명해 가는 것이 우리들이 쉽게 이해할 수 있다는 점에서 오래 전부터 채택된 방법입니다.

먼저 첫 번째 전5식 중에서 가장 먼저 보이는 것은 안식입니다. 안식이란 우리들의 안근인 눈으로 색경을 바라보고, 이 색경의 대상을 인식하는 것을 말합니다. 그 중에서 안식은 감각기관인 안근에 의지해서 인식이 이루어질 수 있다는 점에서 안식이라는 이름을 얻었습니다. 이것을 수근득명(隨根得名)이라 합니다. 물론 감각인식은 대상도 중요하다는 점에서 안식의 대상이 되는 색경의 이름을 빌려서 색식(色識)이라고 할 수도 있습니다. 이것을 수경득명(隨境得名)이라 합니다.

하지만 대상인 색경(色境)보다 안근이 안식에 가까이 있으며, 안근에 크게 의지하기 때문에 안근의 이름을 빌려서 일반적으로 안식이라고 하고 있습니다. 첫 번째 안근에 의해서 인식되는 안식의 대상의 범위는 무엇이 될 것인가 이것은 바로 색경입니다. 색경은 우리들의 눈으로 확인할 수 있는 대상으로 색(色)이나 형태(形態)가 됩니다. 색은 보통 유식에서는 청(靑)·황(黃)·적(赤)·백(白)의 4가지로, 형태는 길고(長)·짧고(短)·모나고(方)·둥글고(圓)·높고(高)·낮고(下)·바르고(正)·바르지 못한 것(不正) 등 8가지 형태로 분류합니다.

두 번째 이식(耳識)은 우리들의 귀로써 인식할 수 있는 인식작용을 이야기합니다. 이중에 귀로써 인식한다고 하는 이식은 이근에 의지하게 되며, 그 대상이 되는 것은 성경이며, 성경이란 바로 소리가 됩니다. 이식과 이근과 성경이 만나서 귀로써 소리를 듣는다고 하는 관계가 설명됩니다. 그러나 이들 소리에 대하여 있는 그대로 인식하는 것이 아니라 이식은 좋다(樂), 나쁘다(苦), 좋지도 않고 나쁘지도 않다(捨)는 등 그 내용을 구별하는 작용을 합니다.

세 번째는 비식(鼻識)이며, 비식이란 우리들이 코로써 인식하는 것을 의미하며 비근에 의지하게 되고, 비근의 대상이 되는 것은 코로써 인식되는 냄새의 경계에 해당되는 향경이 됩니다. 이러한 냄새가 식별되는 내용은 여러 가지로 구별할 수 있으나, 이를 종합하여 대체로 나쁜 냄새인 악향(惡香)과 좋은 향기인 호향(好香) 등으로 구별합니다. 이들 악향과 호향에는 그 냄새의 범위가 육체의 구조인 비근(鼻根)과 균등하게 나타난 냄새가 있으면 이를 등향(等香)이라 하고, 그리고 그 냄새가 좋은 향기(好香)이거나 나쁜 냄새(惡香)이거나 비근보다 더욱 많은 양을 대할 때가 되어야만 인식할 수 있으며, 이를 부등향(不等香)이라 합니다. 이 또한 인식 주체인 비식의 인식능력에 따라 다르게 인식되기에 비식에 의존하는 면이 많습니다.

네 번째 설식(舌識)은 혀로써 감각할 수 있는 감각의 인식을 말합니다. 맛의 감각을 인식하는 것은 설근인 혀가 될 것이고, 그 대상이 되는 것은 맛이라는 미경이 대상이 됩니다. 달고 짜고 맵고 쓰고 하는 것들 입니다. 맛이 마음에 맞고

안 맞고 등에 따라 인간의 고(苦)와 낙(樂)을 가져다주는 인식 작용을 말합니다.

다섯 번째 신식(身識)은 우리 몸의 피부에 해당하는 신체의 외부를 말합니다. 이것으로 느껴지는 감각은 촉감의 대상이 되는 촉경이 됩니다. 촉경이라고 하는 것은 부드럽고 차고 뜨겁고 하는 것에서 비롯하여 배가 고프고 갈증이 나는 모든 육체적인 감각을 종합적으로 설명하는 것입니다. 이 또한 인식하는 과정에서 고(苦) 또는 락(樂)으로 받아들이기도 합니다.

이렇게 우리가 다섯 가지 전5식의 경계들과 감각기관들 그리고 인식하는 5식들을 살펴봤을 때 다섯 가지 전5근에 해당되는 안근·이근·비근·설근·신근은 우리 신체의 감각기관이면서 몸을 지니고 있는 것이라고 유식에서는 설명됩니다. 그리고 안식에서부터 신식에 이르는 다섯 가지의 전5식은 인식하는 것 중에서 주로 대상을 감각적으로 인식하는 감각적인 인식에 해당하는 내용입니다. 그리고 이 대상이 되는 5경이라고 하는 것은 우리들의 감각으로써 인식할 수 있는 대상들 즉 감각대상입니다.

이런 것들은 앞서 말씀드린 초기불교의 18계설을 그대로 답습한 것입니다. 18계란 일체를 일컫는 말로 인식대상(6경)

과 인식기관(6근)과 유정들의 심식(6식)을 통괄하여 설하는 내용입니다. 이것은 일체의 범위를 정하는 것으로 유정들의 인식을 벗어난 어떠한 존재도 인정될 수 없다는 점을 내포하고 있으며, 유정들의 인식범위 안에서 인식되는 것이 곧 일체가 된다는 의미입니다. 유정을 초월한 어떤 초월적인 존재나 유정들이 인식할 수 없는 신비적인 어떤 요소도 일체 속에는 포함되지 않습니다. 소박하지만 유정들 각자의 인식이 중심이 되는 불교의 특성이 묻어있는 중요한 가르침입니다.

18계 가운데 지금까지 설명한 내용은 전5경·전5근·전5식에 대한 것이며, 여섯 번째에 언급되는 제6경인 법경(法境)과 제6근인 의근(意根)과 제6식인 의식(意識)을 모두 합쳐서 열여덟 가지에 해당하는 세계에 대한 설명을 18계(界)라 합니다.

전5식과 제8식과의 관계

전5식은 근본식인 제8식에 의지하여 유지되기에, 전5식이 인식하는 바탕에는 제8식이 자리 잡고 있습니다. 제8식에 저장된 종자의 업력에 따라 전5식이 작용을 하게 됩니다. 이것은 종자의 업력이 먼저 움직이고, 이어서 업력에 따라 대상을 선택하고 관심을 갖기 시작하면서, 어떤 대상이 우리들의 전5식으로 인식된다는 의미입니다.

대상이 먼저 있어서 전5식이 인식작용을 하는 것으로 보이지만, 실제는 종자의 업력이 먼저 움직이고, 전5식이 따라가는 순서입니다. 종자의 업력이 워낙 미세하고 은근하게 마음 깊은 곳에서 작용하기 때문에 우리들이 알아차리지 못할 뿐입니다.

우리들이 어떤 대상을 선택하는가 하는 것은 대상이 있기 때문이 아닙니다. 전5식이 상대하는 대상은 물질이기에 물질은 우리들의 마음을 움직일 수 있는 활동력을 지니지 못합니다. 마음만이 물질을 움직일 수 있는 가능성을 지니고 있습니다. 그러므로 대상이 문제가 아니라 왜 이 대상에 대하여 관심을 갖는가라는 마음의 문제입니다.

이 대상에 대하여 관심을 갖게 되는 것은 그 대상이 있기 때문이 아니라 우리들의 선택의 문제입니다. 많은 대상 중에서 특정한 대상을 선택하는 것은 이미 우리들의 마음속에서 그 대상을 향하려고 하는 행위의 가능성이 업력종자로 저장되어 있기 때문입니다. 그러나 제8식에 일정한 업력 종자가 있다고 할지라도 대상을 만나지 못하면 전5식은 인식작용을 할 수가 없습니다. 전5식은 대상이 있어야만 인식작

용을 할 수 있기 때문입니다. 그러므로 업력 종자가 대상이
라는 인연을 만나게 되면, 비로소 전5식을 움직여 인식작용
을 하게 하는 역할을 하게 됩니다.

　이것은 마치 고요한 바다에 바람이 불면 파도가 일어나는
것과 같습니다. 바다는 마음의 세계이며, 바람은 업력이며,
파도는 인식작용을 상징합니다. 본래로 고요한 바다는 우리
들의 청정한 심성 그 자체를 의미합니다. 그러나 번뇌의 업
력인 바람에 의하여 비로소 파도라는 인식작용이 일어나는
것과 같습니다. 특히 전5식은 물질적인 대상만을 인식한다
는 점에서 대부분의 작용이 업력종자에 의하여 일어날 가능
성이 높습니다. 이것은 물질에 대한 우리들의 욕망이 쉽게
해결되지 않는 이유를 설명해 주는 것이기도 합니다. 정신
적인 새로운 각성은 일정한 원인에 의하여 쉽게 일어날 수
도 있지만, 물질적인 욕망은 쉽게 해결하기가 어려운 경우가
많습니다. 그만큼 물질에 대한 인식은 우리들의 업력 종자
에 크게 의지하기 때문입니다.

전5식의 특성　삼성에 통하지만 미세하다

　전5식은 물질적인 대상에 대하여 괴로움(苦)과 즐거움(樂)
등을 구별하는 삼성(三性)의 작용을 지니고 있습니다. 이것은

정신적인 부분이 아니라 주로 육체적인 문제에 해당합니다. 그러나 이러한 고와 락(樂)의 감수작용이라고 할지라도 전5식이 독자적으로 결정하는 것이 아니라 그동안 훈습되어 있는 정도에 따라서 괴로움과 즐거움이 결정됩니다. 왜냐하면 일정한 자극을 계속하면 감각이 무디어지는 경우가 있고, 특별하게 습관화된 감각에 대해서는 무감각하게 되는 경우도 있기 때문입니다.

전5식은 선이나 악을 구별할 수 있는 능력이 있기는 하지만 대단히 미세합니다. 가령 뜨거운 물을 만졌을 때 그것을 쉽게 피할 수 있지만, 피하는 것이 옳은 일인가 나쁜 일인가 하는 것을 스스로 결정하기에는 부족하다는 의미입니다. 그래서 전5식의 인식작용은 일차적인 감각에 머물게 되고, 주로 대상에 대한 직접적인 모습을 우리들의 심식의 내부로 끌어들이는 역할을 하게 됩니다. 그러므로 전5식은 감각적인 대상만을 인식할 뿐, 그것에 대한 깊은 사고나 선과 악을 구별하여 인식하기에는 한계가 있으며, 제6식 이후의 심식들이 전5식의 감각 인식을 바탕으로 하여 더욱 다양한 인식작용을 할 수 있게 됩니다.

삼량(三量)　　**현량**(現量) · **비량**(非量) · **비량**(比量)

　우리들의 인식방법에 대하여 몇 가지 소개하겠습니다. 여기에서 전5식은 대상에 대한 감각적 인식을 위주로 하기 때문에, 현재 우리들 앞에 있는 대상을 위주로 인식한다는 점에서 현량(現量)이라 합니다. 현량이란 눈앞에 나타나 보이고 실질적으로 형체가 있는 것을 보고 느끼고 인식한다는 점에서 쓰는 용어입니다. 현(現)은 현재라는 의미이며, 량(量)은 수량이나 분량으로 사용되는 한자이지만, 유식에서는 대상에 대하여 측정하고 생각한다는 점에서 사량(思量)하고 분별(分別)하는 심식의 인식이라는 의미로 생각하셔도 좋습니다. 따라서 현량이란 바로 눈앞에 보이는 물질에 대한 감각적인 인식을 설명하는 용어로 생각하면 됩니다.

　현량과 함께 비량(非量)과 비량(比量)이라고 하는 용어를 함께 사용합니다. 이 중에서 비량(非量)이라고 하는 용어는 잘못된 인식을 한다는 점에서 부정의 의미인 비(非) 자를 사용하고 있고, 비량(比量)이라고 하는 것은 비교한다는 점에서 견줄 비(比) 자를 사용합니다. 이런 점에서 비량(非量)이라고 하는 것은 잘못된 인식을 이야기하며, 비량(比量)이라는 것은 추측이라든가 비교하는 인식을 설명할 때 사용합니다. 앞으로 설명할 제7식과 같은 번뇌식은 잘못된 인식을 주로 하기에 비량(非量)이라고 하고, 제6식과 같이 서로 비교하고 추론하는 의식을 비량(比量)이라고 말할 수 있습니다.

현량(現量)과 비량(非量)과 비량(比量)을 합해서 삼량(三量)이라는 용어로 인식작용의 차이를 설명하기도 합니다. 그러나 여기에서는 아직 비량(非量)이나 비량(比量) 같은 내용보다는 오직 눈앞에 보이는 현상을 이해한다고 하는 점에서 전5식의 현량이라고 하는 것을 기억해 두시기 바랍니다.

그러므로 이 전5식은 대상이 없이는 인식할 수 없는 현량의 한계를 가지고 있으며, 또한 안식은 색경만을 인식하고 나머지 경계는 인식할 수 없습니다. 이것은 일상생활에서도 인정할 수 있듯이 눈으로 소리를 듣고 또는 코로 촉감을 느끼는 것은 불가능하기 때문입니다. 이와 같이 전5식의 다른 식들 또한 각자 식들의 대상만을 인식함으로써 그 전체적 대상을 종합적으로 인식한다든가 대상에 대해서 분석적인 인식을 하는 것은 불가능합니다. 그러므로 전5식만으로 인간의 모든 인식을 완전하게 설명할 수 없으며, 그것만으로 인간의 삶은 온전하게 영위할 수 없는 한계를 가집니다.

열등한 동물들 속에서는 전5식만을 중심으로 생활하는 경우가 많지만, 고등동물일수록 점차적으로 전5식 이후에 다양한 심식들이 발전되어 있다고 하는 것도 생물계와 함께 인간의 인식의 구조를 살펴볼 수 있는 점입니다.

부진근과 승의근 육체와 그 본질

전5식의 작용을 돕고 있는 오근은 우리들 몸에 부속되는 감각기관에 해당하며, 이 오근 속에는 두 가지 종류의 근(根)이 있다고 합니다. 그 두 가지는 부진근(扶塵根)과 승의근(勝義根)이 됩니다. 이 중에서 부진근은 순수한 물질적인 육체를 말합니다. 물질은 견고한 성질을 의미하는 지성(地性)과 물기운을 말하는 수성(水性), 그리고 더운 기운을 뜻하는 화성(火性)과 물질의 생동력을 의미하는 풍성(風性) 등의 사대성(四大性)으로 구성되었다고 보는 것이 불교의 물질관입니다.

그러므로 부진근은 물질로 이루어진 몸을 말하며, 부(扶)자는 도와주다는 의미를 가지는 글자입니다. 진(塵)은 먼지 즉 번뇌를 의미합니다. 그러므로 부진근은 인간의 몸에서 번뇌와 욕망을 부추기는 그런 육체를 이야기하는 용어입니다. 그것은 다름 아닌 인간이 지니고 있는 오근의 육체 그 자체가 바로 욕망과 번뇌를 부추기는 역할을 하기 때문에 인간의 감각기관을 부진근이라고 설명합니다.

그러나 승의근이라고 하는 것은 인간이 지니고 있는 감각적인 육체의 본바탕이 되는 근본적인 육체의 모습을 말합니다. 물론 아직 번뇌 중생의 입장에서 인간의 육체가 지니는 본래의 모습은 볼 수 없지만, 만약 청정한 불보살의 입장에서 인간의 육체를 본다면, 인간의 육체는 전체적인 조화 속에서 생명을 유지시켜 가면서 대상을 취하여 인식작용을 하게 하는 근원적인 힘을 지니고 있음을 알 수 있습니다.

이 두 가지는 별개의 것은 아닙니다. 우리들의 몸에 이 두 가지가 함께 있다는 의미입니다. 왜냐하면 부진근의 작용은 우리들이 일상생활에서 감각의 도구로 또는 인식의 도구로 사용하고 있지만, 그 속에는 무한한 생명력과 대상을 인식할 수 있는 승의근의 능력이 잠재하고 있다는 점에서 또 다른 의미로 해석될 수 있기 때문입니다. 일상의 우리들의 감각의 육체는 대상을 인식하고 대상에 집착하는 잘못된 역할을 할 수 있는 욕망의 도구입니다. 하지만 진리를 추구하고 자신을 고양시켜가는 것도 결국 이것을 떠나서 있는 것이 아님을 이해하는 것에 대한 중요성도 유식학에서는 놓치고 있지 않습니다.

이와 같이 전5근은 오늘날의 용어로 한다면 우리들의 육체적인 몸의 외형적인 부분에 해당하는 부분입니다. 몸의 건강도 중요하지만 대상을 인식하는 작용을 잘 할 수 있도록 관리하는 것도 몸을 잘 유지하기 위하여 필요한 것임을 알 수 있습니다. 이에 대해서 구체적으로 세 가지로 설명하는 경우도 있습니다.

첫 번째는 의지(依支)라는 내용입니다. 의지는 지탱이 되고 바탕이 되고 근원이 된다고 하는 뜻입니다. 이것은 인간의 육체가 대상을 인식하고 삶을 영위할 수 있는 가장 중요한 의지처가 되고, 바탕이 된다고 하는 뜻입니다.

두 번째는 도양(導養)이라는 의미가 있습니다. 도양이란 양성하고 육성하고 왕성하고 건강하게 도와주고 이끌어 준다는 것입니다. 우리의 삶을 왕성하고 풍요롭게 만들어주는 역할을 하는 것 또한 우리의 몸이라는 것으로 해석됩니다.

세 번째는 장엄(莊嚴)이라는 의미가 있습니다. 장엄이란 훌륭하게 꾸미고, 아름답게 한다는 의미입니다. 이 용어는 몸이 인간의 외면을 아름답고 보기 좋게 장엄함으로써 서로에게 환희심을 줄 수 있는 대상이 될 수 있다는 점입니다.

이런 점에서 유식에서 이야기하는 5근은 인간 삶에 있어서 아주 중요한 역할을 할 수 있다고 보입니다. 이 5근의 외형적인 모습뿐만 아니고, 어떻게 하면 5근의 능력을 최대한 바르게 발휘하여서 우리의 인식대상이 되는 외부사물을 얼마나 올바르게 인식하는가 하는 것도 우리 삶을 영위하는데 대단히 중요한 일입니다. 만약에 5근을 통한 전5식의 인식작용이 바르게 이루어지지 않는다면 우리는 대상을 바르게 인식할 수 없고, 바르게 인식할 수 없으면 올바른 삶을 영위할 수 없기 때문입니다.

전5식은 또한 나름대로의 한계를 지니고 있습니다. 예를 들어서 안식은 멀리 있는 것을 볼 수 없으며, 벽이 있으면 벽을 넘어 볼 수 없고, 이식은 아주 작거나 너무 큰소리는 들을 수 없으며, 비식도 아주 강하거나 약한 냄새는 맡지 못하는 한계를 지니고 있습니다. 그러나 이 능력을 좀 더 고양시키고 훈련함에 따라서 더 능숙하게 대상을 잘 인식하는 경우가 있습니다.

예를 들어 미술가들에게는 다양한 색채를 볼 수 있는 안식이 구비되어 있고, 미식가들에게는 음식의 맛을 섬세하게 인식할 수 있는 능력이 구비되어 있으며, 음악가들에게는 아주 미세하고 작은 음률조차도 놓치지 않고 즐길 수 있는 능력을 구비하고 있기 때문입니다. 그러므로 전5식을 욕망을 부추기는 부정적인 인식으로만 생각할 것이 아니고, 자기계발을 통해서 전5식을 능숙하고 훌륭한 기관으로 숙련시켜 간다면, 대상을 바르게 인식하고 대상 속에서 보다 깊은 의미를 찾아냄으로써 우리들의 삶을 풍요롭고 아름답게 만들어갈 수 있습니다.

| 제5강의 |

제3 능변식(2)

제3 능변식(2): 제6 의식

전5식은 주로 감각적인 인식을 하고, 종합적인 인식이나 추상적인 생각을 결여하고 있으며, 선과 악을 분별하는 작용 등이 부족하다는 점에서 제6식이 이러한 전5식을 보완하고 있음을 중심으로 살펴보겠습니다.

제6식의 명칭

제6식은 여섯 번째 식이라는 의미입니다. 보통 6식이라 할 때는 여섯 가지의 식(識)이라 하고, 제6식이라 하면 여섯 번째의 식(識)으로 이해하면 됩니다. 제6식은 의근(意根)에 의지해서 대상이 되는 법경(法境)을 인식하는 의식(意識)을 말하며, 전5식 다음의 여섯 번째 심식에 해당합니다.

의식(意識)은 그 심식의 근원이 되며 의지처가 되는 의근(意根)의 이름을 따서 붙여진 이름입니다. 의근이 없이는 의식이 작용할 수 없기 때문입니다. 유식에서 심식의 이름은 대부분 그 의지처가 되는 근(根)에서 이름을 가져온다고 생각

102

하면 됩니다. 그러므로 심식의 순서상 여섯 번째라고 하는 점에서 제6식이라는 이름을 쓰기도 하고, 의근에 의지해서 작용을 한다고 해서 의식이라고 하는 용어를 사용하기도 합니다. 심식을 설명하는 같은 용어입니다. 그러므로 흔히 우리들이 의식과 무의식 등 의식이라는 일상용어로 사용될 때 이것은 유식의 제6식을 말하는 것에서부터 유래가 되었다고 생각됩니다.

의식은 의근에 의지해서 무엇을 인식하는가? 그 인식의 대상은 법경(法境)입니다. 이 법경은 색법(色法)과 심법(心法)을 모두 다 통괄한다고 해설합니다. 색법이란 물질적인 것을 나타내고, 심법은 정신적인 것을 나타냅니다. 의식이 인식하는 대상은 물질과 정신을 모두 다 포함하고 있다는 내용입니다. 앞서 공부했던 전5식의 대상은 모두가 물질에 속하는 것이었습니다. 그러나 제6식은 물질뿐만 아니라 정신까지 그 인식의 범위가 확장되었습니다.

또한 제6식은 유루(有漏)와 무루(無漏)에 통한다고 합니다. 유루와 무루라고 하는 것은 초기불교부터 나오는 내용으로 번뇌의 유무에 따라 붙인 이름입니다. 유루는 잘못된 인식 즉 번뇌성이 남아 있는 것을 말하고, 무루는 번뇌가 완전히 사라진 올바른 인식, 즉 반야의 지혜를 이야기합니다. 그러므로 우리들의 일상생활에서 사용하는 제6식의 대상은 번뇌와 지혜를 함께 칭합니다. 만약에 번뇌성인 유루의 대상만을 인식한다고 한다면, 인간은 영원히 유루의 번뇌의 세계를 벗어날 수 없을 것입니다. 그러나 제6식을 통해서 번뇌뿐만이 아니라 지혜의 무루도 역시 인식이 가능하다는 점에서 수행에 의해서 해탈과 열반의 세계를 실현할 수 있다는 수행의 가능성을 엿볼 수 있습니다.

일반적인 종교의 인간에 대한 이해는 번뇌와 무지의 존재로서 인간 스스로는 자신을 극복할 수 없다는 한계를 이야기합니다. 그러나 불교에서는 인간 스스로 자신의 번뇌를 치유하고 자신의 완전성에 도달될 수 있다는 가능성을 설명합니다. 이러한 가능성이 구체적인 심식의 이론으로 이해되기 시작한 것은 유식에 와서부터입니다. 유식에서는 이런 인간의 의식 속에서 다양한 분류를 시도하고 그 작용성과 인식대상들을 설명하는 이론적인 바탕을 제시하고 있습니다. 이로 말미암아 인간으로 하여금 번뇌성에 물들지 않고 해탈로 나아갈 수 있는 가능성을 이론적으로 뒷받침하고 있음을 알 수 있습니다.

이런 점에서 제6식인 의식은 물질과 정신, 유루와 무루라는 대단히 넓은 범위에서 작용할 수 있기 때문에 광연의식

(廣緣意識)이라는 용어를 사용합니다. 이것은 전5식이 주로 감각적이고 물질적인 대상만을 인식하는 것에 비하여 그것보다 넓은 인식범위를 지니고 있기 때문에 광연의식이라고 합니다.

또 제6식을 분별의식이라고 합니다. 분별이라고 하는 것은 대상에 대해서 요별(了別)하는 작용을 말합니다. 따지고 분석하고 나누어서 섬세하게 인식하는 것을 말합니다. 인식하고자 하는 대상에 대해 더욱 명료하게 구체적으로 이해할 수 있는 의식이라고 하는 것으로 이해하면 됩니다. 전5식이 결여하고 있는 부족한 종합성이라든지 명확한 인식 등을 제6식이 맡고 있다는 점에서 제6식의 인식능력이 전5식에 비하여 뛰어나다는 점을 설명하고 있는 용어입니다.

오구의식과 불구의식 전5식과 제6식의 관계

제6식에는 오구(五俱)의식과 불구(不俱)의식이라는 두 가지 분류가 있습니다. 오구의식은 전5식과 함께하는 의식이고, 불구의식은 전5식과 함께하지 않는 의식입니다. 오구는 전5식을 갖춘다는 것을 의미하는 단어입니다.

따라서 오구의식과 불구(不俱)의식은 전5식과 함께 인식작용을 하느냐 아니면 전5식과 함께하지 않느냐에 따라서 나누는 분류법입니다.

　오구의식은 대상을 인식하는 전5식의 인식을 바탕으로 해서 전5식이 인식한 내용들을 종합하여 인식하고 있습니다. 즉, 봉우리가 솟고, 나무가 있고, 바위가 있는 것을 눈으로 보고, 제6식이 종합하여 저것은 산이라고 인식하는 경우가 5구의식이 됩니다. 그러나 반드시 그런 것만 있는 것은 아닙니다. 왜냐하면 산을 보지 않고도 우리들은 산이라는 글자를 통해서 또는 자신에게 남아 있는 산이라고 생각되는 것을 마음속에 자기 스스로의 영상을 떠올림으로써 산을 스스로 생각할 수 있는 경우가 가능하기 때문입니다. 이런 경우를 전5식과 관계없이 제6식이 독자적으로 인식하였다는 점에서 불구의식이라 합니다. 그러므로 일반적으로 우리들이 인식하는 제6식의 인식은 대부분 오구의식으로 나타나는 것 같지만, 자세히 살펴보면 전5식과 관계없이 제6식이 홀로 인식하는 제6식의 불구의식의 인식작용을 인정할 수 있습니다.

오후의식　전5식 이후의 제6식의 인식

　오구의식 중에서도 전5식이 인식한 대상을 받아들여서 그것을 그대로 인정하여 인식하는 경우가 있지만, 전5식에 의하여 인식되어진 것을 재료로 하면서 더욱 다양한 생각을 펼쳐 가기도 합니다. 이것을 전5식 이후에 일어나는 인식이라는 의미로 오후(五後)의식이라 합니다. 이것은 앞에 있는 대상을 전5식으로 받아들여서 그것을 그대로 인식함과 동시에 연이어서 또 다른 인식을 파생시켜가는 것을 말합니다.

예를 들어, 전5식의 일종인 눈을 통해서 산을 보고 마음속에 산을 생각하는 것까지는 오구의식이지만, 산이라는 생각은 잠시 머물 뿐이고, 이어서 고향이나 어린 시절의 생각으로 다시 옮겨갈 수 있다는 점입니다. 이런 점에서 산을 통하여 고향이나 어린 시절 등을 인식하는 것은 전5식의 인식을 바탕으로 하여 제6식이 연쇄적으로 작용하는 것이며, 제6식 속에서 일어나는 인식작용을 말하며, 이런 의식을 총괄해서 전5식 이후에 일어나는 의식이라는 점에서 오후의식이라 합니다.

이때에는 앞에 가졌던 생각이 사라짐과 동시에 뒤의 생각이 따라오게 되므로 전멸후생(前滅後生)이라 하고, 앞의 생각과 뒤의 생각에 간격이 없이 일어난다고 하여 등무간(等無間)이라 하며, 그 순간을 아주 짧은 시간이라는 뜻으로 찰나라고 하기도 합니다.

독두의식 제6식의 독자적인 인식

전5식과 관계없는 제6식의 인식작용을 불구의식이라 하지만, 제6식의 인식작용이 홀로 일어난다는 점에서 독두(獨頭)의식이라는 용어를 쓰기도 합니다. 독두란 홀로 일어난다는 뜻이며, 대상이 없이 제6식이 내면적으로 과거를 회상하거나 미래를 예측하고, 잡념이나 깊은 사유에 잠기는 등과 같은 인식작용을 말합니다.

독두의식을 몽중(夢中)의식, 정중(定中)의식, 독산(獨散)의식 등으로 세분하여 설명하기도 합니다. 먼저 몽중의식이란 말 그대로 꿈속에서 느끼는 의식이라는 뜻입니다. 유식에서 꿈은 대단히 중요합니다. 일상 속에서 우리들은 잠을 자면서 다른 세계나 또는 평소에 일어날 수 없는 다른 현상에 대해서 인식하는 경우가 있습니다.

유식학에서는 이런 꿈속의 인식조차도 버리지 않고 몽중의식으로 설명하고 있으며, 이는 제6식이 홀로 인식하는 독두의식과 관련되어 있다고 합니다. 흔히 꿈은 우리들의 무의식과 관련되어 있어 의식으로는 통제가 불가능한 것으로 생각하고 있으며, 때로는 초월적인 암시나 신비적인 환영으로 생각하는 경우도 있습니다. 그러나 유식에서는 꿈을 우리들의 제6식의 한 일부분으로 받아들임으로써 꿈을 잘 이해하고 꿈을 통해서 자신 의식의 내면의 소리를 조명할 수 있다고 하는 가능성을 열어 두고 있습니다.

정중의식이란 제6식이 정(定)에 들었을 때의 의식을 말합니다. 정이란 의식의 안정을 통하여 산란의식이 정지된 상태이며, 마음이 동요되거나 움직이지 않고 의식이 고요해지고 집중되었을 때이며, 이때에 마음의 장애가 없어서 지혜가 일어날 수 있는 상태가 된 것을 말합니다. 보통 인간의 인식은 바람직하지 못한 것으로 이해되는 경우가 많이 있지만, 불교에서는 이런 인간의 인식 능력의 한계를 설정하지 않으며, 오히려 의식적인 노력을 통하여 고요함을 찾고, 그 의식이 고요해지는 삼매의 경지를 얻음으로써 올바른 지혜가 일어날 수 있는 여지를 또한 남겨놓고 있습니다. 부단한 명상이나 참선수행을 통해 번뇌심이 가라앉으면 제6식 속에서도 이런 삼매의 성품이 일어나고 지혜의 성품이 일어날 수 있다는 가능성을 정중의식으로 설명하고 있습니다.

독산의식은 의식이 안정되지 못하고, 인식대상과 일치하지 못하며, 산란하고 분열되어 어지러운 의식의 상태를 말합니다. 일상에서 경험하는 기이한 현상들, 즉 정신분열 등과 같이 정신질환과 관련된 엉뚱한 행동이나 생각을 하는 경우를 독산의식이라고 표현합니다. 독산의식 속에서 잘못된 정신질환에 가까운 의식을 광식(狂識)이라고 표현하기도 하며, 사물을 항상 잘못 인식하기에 삼량(三量) 중에서는 비량(非量)에 속합니다. 그러므로 마음이 대상에 집중이 되지 않거나 산란해지면 잘못된 판단을 할 수 있고, 이로 인하여 잘못된 행위를 유발하여 불행을 자초하기도 합니다.

제6식의 특성 삼성(三性)과 삼수(三受)에 통한다

지금까지 제6식의 인식작용에 대한 설명을 몇 가지로 정리해 보겠습니다.

첫째는 전5식의 심식들이 각기 맡은 대상에만 인식이 국한되었지만 제6식은 이들을 종합적으로 인식함으로써 전5식의 한계를 넘어 대상에 대한 보다 뚜렷한 인식을 할 수 있다는 점입니다.

둘째는 전5식이 인식하는 범위인 5근을 통한 5경의 물질적인 한계를 벗어나, 정신적인 영역에까지 인식의 범위가 넓혀져 있다는 것입니다. 불구의식을 통해 대상이 없더라도 스스로 인식할 수 있으며, 이것은 심법(心法)에 해당하는 내용입니다. 그리고 평소 우리들의 마음속에 일어나고 있는 기억, 추리, 회상 등과 사물에 대한 추론적인 생각과 논리적인 전개를 비롯하여 다양한 인간의 심식작용들을 제6식으로 설명할 수 있다는 사실입니다.

셋째는 인식의 범위가 유루와 무루에 통한다는 점입니다. 번뇌의 유루성만을 인식하는 것이 아니라 진리를 추구할 수 있는 제6식의 무루의 인식을 통하여 의지적인 노력이 가능하다는 점입니다. 이러한 가능성을 정중의식으로 설명하였습니다.

그렇다면 제6식은 주로 분별의 인식작용을 하는 심식이 되지만, 우리들은 대상을 단순하게 분별하는 것으로 그치지 않고, 그 속에서 행복과 불행 등을 느끼는 과정은 어떻게 설명될 수 있을까요? 이 점을 유식에서는 삼수(三受)로 설명합니다. 삼수에는 고수(苦受)와 락수(樂受)와 사수(捨受)가 있습니다. 고수는 대상을 괴롭게 받아들이는 것이고, 락수는 즐겁게 받아들이는 것이며, 사수는 불고불락(不苦不樂)의 고와 락에 치우침이 없이 받아들이는 경우를 말합니다. 여기에서 수(受)는 대상을 받아들이는 것을 의미합니다.

어떤 면에서 유식에서는 대상보다는 받아들이는 인식의 과정을 더욱 중요하게 생각합니다. 괴로운 대상은 정해져 있지 않으며, 대상이 괴롭기 때문에 괴롭게 인식하는 것이 아니고, 받아들이는 인식작용의 과정에서 고와 락은 결정되며, 이것을 결정하는 것은 제6식의 작용입니다.

그러므로 대상을 인식하는 과정에서 제6식이 어떻게 받아들이는가에 따라서 대상과는 달리 고와 락을 결정할 수 있다는 의미가 됩니다. 예를 들면 아무리 좋은 환경에 처할지라도 불편한 사람이나 일들에 직면해 있다면 좋은 환경도 불편한 대상이 될 수밖에 없기 때문입니다. 또 힘든 운동을 하고 있지만 그것으로 인하여 오히려 즐거움을 느낄 수 있는 경우도 있을 수 있기 때문입니다. 여기에 비추어 보면, 전5식은 대상을 있는 그대로 받아들이는 역할을 하는 것과는 달리 제6식은 자신의 의지를 발동하여 대상을 괴롭게 혹은 즐겁게 받아들일 수 있습니다. 그러므로 우리들의 노력에 의하여 제6식을 잘 조절한다면 항상 즐겁게 대상을 받아들일 수 있다는 것을 알 수 있습니다.

또, 제6식이 대상을 받아들이는 것을 삼성(三性)으로 구분하여 설명하기도 합니다. 삼성에는 선성(善性)과 악성(惡性)과 무기성(無記性)이 있습니다. 물론 여기에서는 세속적인 선과 악을 생각해도 좋습니다. 세속에서 선(善)이라고 하는 것은 대체적으로 이 사회 속에서 남에게 위해를 주지 아니하고, 오히려 남을 도와주는 것을 말하고, 악(惡)은 그 반대가 될 것입니다. 그러나 유식에서 말하는 선과 악은 좀 더 근원적인 것입니다. 세속의 현재 뿐만 아니고 미래까지도 계속해서 좋은 결과를 나을 수 있는 것을 선이라고 하며, 그렇지 않은 일을 악이라고 합니다. 이것은 단순한 세속적인 원리로서 선과 악을 구별하는 것이 아니라, 행위의 주체가 어떠한 마음 상태에서 선과 악을 행하는가의 내면적인 문제와 연결되어 있으며, 그 결과는 현재에만 머물 수 없기 때문입니다. 그리고 선과 악이 아닌 경우를 무기(無記)라고 합니다. 무기란 선 또는 악이라고 뚜렷하게 정할 수 없는 경우를 말합니다.

삼성에 통하는 제6식은 대상을 착하고 바람직하게 받아들일 수도 있고, 대상에 대해 잘못 집착하여 악한 일이 될 수도 있으며, 이 두 가지가 아닌 경우도 가능합니다. 이런 경우를 보더라도 제6식은 대단히 넓은 범위에서 중요한 작용을 할 수 있으며, 특히 선의 경우를 예상하면, 인간의 의식은 결코 유루와 번뇌에만 그치지 아니하고 선을 통하여 진리를 깨달아가는 데 있어서 도움이 될 수 있다는 사실을 확인할 수 있습니다.

제6식과 제7식 · 제8식의 관계

제6식의 인식 범위는 색법과 심법을 비롯하여, 유루와 무루에 두루 하는 넓은 범위에 속합니다. 그러나 자세히 보면 제6식도 홀로 인식작용을 하는 것은 아닙니다. 먼저 제6식의 오구의식이나 오후의식의 작용은 현전의 대상이 있어야 한다는 점에서 전5식과 관련하여 일어날 수밖에 없습니다. 이외에 불구의식과 몽중의식이나 독두의식 등과 같은 경우는 제5식과 관계없이 제6식이 작용하는 것으로 봅니다.

하지만 제6식의 의지처가 되는 식은 제7식입니다. 그러므로 제6식은 제7식의 번뇌성의 영향을 지속적으로 받고 있는 상태에서 인식작용을 지속하고 있습니다. 물론 정중의식과 같은 경우는 제7식의 번뇌성의 영향을 적게 받는 경우이기는 하지만, 정중에서 나오게 되면, 다시 번뇌성의 영향을 받게 됩니다.

그리고 제6식의 작용 뒤에는 보이지 않는 제8식의 미세한 작용이 함께하고 있습니다. 심식의 근원이 되는 제8식의 영향을 받지 않을 수 없기 때문입니다. 제8식속에는 훈습된 종자가 있으며, 이 속에는 업력의 가능성이 보존되어 있습니다. 제8식의 업력종자의 움직임은 쉽게 알 수는 없지만 은근하게 항상 우리 몸을 지니고, 모든 인식작용에 관여하고 있습니다. 특히 제8식의 업력종자는 우리가 처하고 있는 세간을 향하여 지속적인 인식작용을 하고 있기에, 제6식이 대상에 대하여 관심을 갖기 이전에 이미 대상에 대한 바탕인식을 해둔 상태입니다. 이러한 상태에서 제6식의 인식작용이 일어나기 때문에 우리도 모르는 사이에 이미 제6식은 제8식의 영향을 받고 있는 상황입니다.

만약 제6식의 독자적인 인식작용으로 대상을 인식한다거나, 대상을 있는 그대로 제6식이 인식한다면, 세상은 우리들의 제6식이 생각하는 대로 쉽게 변화되어야 합니다. 그리고 제6식의 의지적인 작용으로 세상을 바꿀 수 있어야 합니다. 그러나 우리들의 제6식은 세상을 바꿀 만큼 강력한 힘을 지니고 있지 못합니다. 왜냐하면 지금까지 축적돼 온 업력의 종자가 제8식 속에 자리하고 있으며, 그 영향을 쉽게 벗어나기가 어렵기 때문입니다. 그래서 더욱 깊은 내면의 변화를 시도하여, 제7식의 번뇌성과 제8식의 업력종자의 문제를 해결하기 위하여 노력하여야 함을 알 수 있습니다.

오위무심 제6식이 단절되는 경우

제6식으로 인간의 모든 인식작용을 다 설명할 수 있는 것은 아닙니다. 왜냐하면 평소에 우리가 경험하기 어렵지만 특별한 경우에 제6식이 끊어지는 한계를 경험할 수 있기 때문입니다. 다섯 가지 상태에서 의식이 끊어진다는 오위무심(五位無心)이라는 용어가 있습니다.

다섯 가지 상태에서는 의식이 없다는 것입니다. 다섯 가지 상태는 숙면(熟眠)·민절(泯絶)·무상정(無想定)·무상천(無想天)·멸진정(滅盡定) 등입니다. 숙면(熟眠)은 아주 깊은 잠에 빠졌을 때 의식을 잃게 된 상태입니다. 민절(泯絶)은 충격으로 정신작용이 중지되는 졸도 상태입니다. 아주 절박한 상황이라든지 또는 아주 강한 외부적 충격에 의해서 잠시 정신을 잃어버리는 상태입니다.

그리고 무상천이나 무상정에서도 의식이 끊어집니다. 아주 깊은 명상수행에 들어갔을 때 의식이 끊어지는 상태가 있다는 것입니다. 예를 든다면, 깊은 삼매(三昧)나 또는 정(定)에 들었을 때 외부대상이 자신에게 인식되지 않는 경우가 있다는 뜻입니다. 마지막으로 멸진정이라는 것은 대상에 대한 인식을 하려고 하는 주체조차도 완전하게 끊어버린 상태, 즉 근본번뇌마저 사라진 경우를 멸진정이라고 합니다. 무상정이나 무상천보다 더 깊은 삼매의 경지를 설명하는 내용입니다. 이런 다섯 가지 경우에 한해서 인간은 의식이 끊어지는 문제가 나타나게 됩니다.

하지만 이런 숙면·민절이나 깊은 수행의 단계에서 다시 깨어나게 되면, 새로운 의식의 작용으로 돌아가게 되는 경우를 흔히 볼 수 있습니다. 이럴 경우에 과연 끊어진 제6식은

어디에 의지했다가 사라지기도 하고, 다시 나타나기도 하는
가 하는 것은 중요한 문제로 생각되었습니다. 그리고 이와
함께 앞에서 우리는 제6식은 의근(意根)에 의지한다고 하였습
니다.

그렇다면 과연 '제6식이 의지하는 의근은 어디에 있는가'
라는 문제는 제6식을 설명함에 있어서 중요한 두 가지의 문
제로 대두하게 됩니다. 먼저 끊어진 제6식이 다시 소생한다
는 것은 제6식만으로 심식을 설명할 수 없다는 것을 말하며,
만약 제6식이 의지하고 있는 의근으로 이 문제를 해결하려
고 한다면 의근에 대한 별도의 논의가 있어야 하고, 전5근과
같이 우리들의 몸에서 제6식이 의지하는 의근의 기관이 있
어야 합니다. 과연 우리들의 몸속에 의식을 담당하는 기관
이 실제로 존재하는 것일까요?

서양의 심리학자들 중에는 우리들의 뇌가 심식의 역할을
하고 있다고 하지만, 아직 뇌의 작용으로 심식을 모두 설명
할 수는 없습니다. 그렇다면 제6식을 받치고 있는 더욱 깊
은 심식이 의근이 되어야 하며, 이것이 없이는 제6식이 홀로
존재할 수 없게 됩니다. 왜냐하면 제6식은 의지처가 없어지
는 결과를 초래할 것이며, 오위무심과 같이 제6식이 끊어진
이후에 다시 제6식이 소생하는 문제나 의근의 존재에 대한

문제를 설명할 수 없는 경우가 됩니다.

제6식의 한계 근본번뇌와 윤회의 문제

초기불교에서는 6식설을 중심으로 인간의 심식을 설명해 왔지만, 본격적인 유식학에 와서는 6식으로만 설명할 수 없는 경우를 발견하게 됩니다. 이러한 제6식의 한계에 대한 문제와 함께 불교학에서 중요한 문제 중에 하나인 근본번뇌에 관한 부분도 여기에 해당합니다. 보통 근본번뇌를 무명(無明)으로 설명합니다. 12연기에서도 무명에 의해서 생로병사가 있다고 주장하지만, 과연 이 '무명은 어디에서 왔는가'라는 것에 대한 설명은 찾을 수가 없습니다.

유식학에서는 물론 무명의 문제를 심식에서 찾고자 하였으며, 우리들의 심식을 떠나서 이 문제를 해결할 수 없었기 때문입니다. 우리들의 심식 속에서 찾아져야 할 무명은, 앞서 설명 드린 대로 제6식 안에서는 선과 반대되는 악은 있지만, 번뇌는 찾을 수가 없었습니다. 그렇다면 수행을 방해하고 우리를 괴롭히는 번뇌의 중심인 근본번뇌는 과연 어디에서 오는가라는 문제도 제6식으로써 설명할 수 없는 경우가 됩니다.

이와 함께 초기불교에서 주장하는 인과설과 윤회설에 대

한 부분에서도 설명의 한계를 보이고 있습니다. 원인과 결과의 인과관계가 성립된다거나 윤회가 가능하기 위해서는 인과와 윤회의 주체에 대한 설명이 있어야 하기 때문입니다. 과연 '인과와 윤회는 무엇으로 가능한 것인가' 하는 의문을 갖지 않을 수 없습니다. 이 부분에서 초기불교의 무아(無我)는 더욱 우리들을 혼란하게 합니다. 무아를 인과와 윤회의 주체가 없다는 것으로 생각하기 때문입니다.

그러나 무아는 인과와 윤회가 없는 무루의 세계를 설명하는 것이며, 세속을 초월한 승의(勝義)의 본질적인 면모를 밝히는 것입니다. 세속의 인과와 윤회가 있는 중생계의 입장에서는 집착된 상태로 허망한 인과와 윤회의 굴레 속에 머물고 있기 때문입니다. 무아의 이치를 모르는 무명에 의해서 일어난 집착의 세계가 인과와 윤회의 세계이기 때문입니다. 그러므로 무명에 의해서 집착된 심식으로 인과와 윤회의 주체를 설명하지 않을 수 없습니다. 결국 우리들의 심식에서 근본번뇌와 윤회의 주체를 찾아야 하며, 제6식으로 설명하기에는 한계가 있다고 보입니다.

제6식의 의지처가 되는 의근에 관한 문제, 근본번뇌의 문제, 인과와 윤회의 주체에 관한 문제 등은 심식을 제6식으로만 설명할 수 없는 경우가 됩니다. 그러므로 유식학에서는 이러한 문제를 해결하고자 제6식 이후에 의근의 문제와 근본번뇌를 설명하기 위하여 제7식의 작용을 설명합니다. 그리고 인과와 윤회를 설명하기 위하여 제8식의 작용 등을 제시하고 있습니다.

이와 같이 유식에서 제7식과 제8식의 작용을 설명함으로써 더욱 심층적인 인간의 심식에 대한 이해를 가능하게 하였습니다. 초기불교 이후 심식에 관한 많은 성과들을 집대성하여 교학적인 설명을 보완할 수 있었다는 점에서 유식학은 중요한 대승의 사상으로 자리매김하게 되었습니다. 그리고 이러한 깊은 심식에 대한 이해는 유가 수행자들의 수행에 의해서 밝혀지고 정리된 내용이라는 점에서 대승불교의 수행을 정리하는 중요한 역할을 담당하게 되었습니다.

| 제6강의 |

제2 능변식: 제7 말나식

제2 능변식: 제7 말나식

제7식이란 앞서 말한 제6식의 한계인 의근과 근본번뇌의 문제에 대한 설명입니다. 의근의 문제란 오위무심에서 설명한 제6식의 의지처가 무엇인가 하는 것이며, 이것은 더욱 내면적인 심식이 없이는 설명이 불가능합니다. 그리고 제6식은 선과 악 등을 분별하는 작용은 하지만, 근본적인 인간의 번뇌를 설명하기에는 한계가 있습니다. 그러므로 근본번뇌가 어떻게 발생하는가에 대한 물음에 대한 답변이 필요합니다.

제7식의 명칭　말나식

제7식은 제6식 다음에 있는 일곱 번째 식이라는 뜻에서 사용되는 용어입니다. 또는 제1 능변식인 제8식 다음에 일어나는 식이라는 의미로 제2 능변식이라고도 합니다. 그리고 제6식의 의지처가 의근(意根)인 것은 이 제7식이 의(意)의 작용을 하기에, 이 이름을 빌려서 의(意)의 근(根)이라는 의미로 의근(意根)이 된 것입니다. 그러므로 제7식의 작용을 의(意)라고 표현하기도 합니다. 이 말은 제6식의 의지처가 되는 것을 의근이라 하고, 의근의 작용이 의(意)라는 점에서 불리는 이름이기에 제7식은 제6식의 의지처가 됨을 말합니다.

여기에서 잠시 우리들은 제7식의 작용인 의(意)와 제6식을 말하는 의식(意識)이 서로 혼란되는 느낌을 갖습니다. 제6식을 의식이라고 부르는 것은 제7식인 의(意)의 작용을 인식(識)한다는 뜻에서 부르는 용어입니다. 그러므로 의(意)를 말하는 제7식과 의식을 말하는 제6식과의 관계가 서로 혼돈될 수 있는 여지가 있습니다. 만약에 우리들이 제6식과 제7식을 다른 용어로 쓴다면 의식(意識)과 의(意)라고 써야 하며, 한문으로 연속해서 쓴다면 의·의식(意·意識)이라고 해야 합니다. 이러한 혼돈을 방지하기위해서 제7식의 본래의 갖추어진 산스크리트어 이름이 'Manas'이기에 이것을 음역(音譯)하여 말나식(末那識)이라 번역하였습니다.

Manas를 의역(意譯)하면 '사량(思量)'이라는 의미로 해석됩니다. 사량은 비교하고 분별하여 인식하는 것이며, 대부분 집착된 잘못된 인식을 말합니다. 그러므로 말나식은 번뇌의 심식작용을 하므로 삼량(三量) 중에 비량(非量)에 해당합니다. 그러므로 제7식의 이름은 제 2능변식·의(意)·말나식·사량식이라는 용어로 사용됩니다. 이런 점에서 혼돈을 피하기 위해서 대부분 제7식을 말나식이라고 부르는 것이 정설화되어 있습니다. 여기에서는 다른 심식과의 비교를 위하여 주로 제7식이라 합니다.

초기불교에서부터 심식에 관하여 심(心)이라는 말과 의(意)라는 말과 식(識)이라는 용어가 서로 혼용되어 사용되는 경우가 많았습니다. 그러나 본격적인 유식학에 오게 되면, 식(識)은 대상을 뚜렷하게 요별(了別)하는 점을 들어 가장 인식작용이 넓고 뛰어난 제6식을 가리키게 되고, 의(意)는 집착하여 사량(思量)의 작용이 강하기 때문에 제7식을 말하며, 심(心)이란 마음의 가장 근본이기 때문에 제8식을 말하는 것으로 정리됩니다. 그러므로 정리된 유식에서는 심식의 명칭에 혼돈을 피하기 위하여 심(心)은 제8식, 의(意)는 제7식, 식(識)은 제6식을 의미하는 용어로 정리되게 되었습니다.

제7식의 특성 항심사량

제7 말나식은 다른 식에 비하여 어떤 특성적인 작용을 하는가 하는 점에 대하여 알아보겠습니다. 보통 제7식의 작용의 특성을 한마디로 항심(恒審)하고 사량(思量)한다고 설명하고 있습니다. 여기에서 항심이란 항상 하며, 섬세한 작용을 한다는 의미로 해석됩니다. 물론 사량이라는 용어는 앞에서 제7식의 집착에 의한 분별인식의 작용이라고 하였습니다. 그러므로 제7식은 항상 하며, 섬세한 분별작용을 한다는 점에서 항심사량으로 설명하고 있습니다.

사량(思量)의 작용을 하면서 그 중에서도 항(恒)과 심(審)의 작용이 다른 식에 비하여 뛰어나다는 점에서 항심사량이라고 하는 것입니다. 항(恒)은 항상 한다는 의미입니다. 항상 한다는 뜻은 제6식에 비하여 제7식이 항상 한다는 의미입니다. 제6식은 오위무심이라 하여 다섯 가지 경우에는 제6식이 끊어지는 경우가 있다고 했습니다. 그러나 제7식은 제6식이 끊어진다 할지라도 계속해서 제6식의 바탕이 되어서 다음에 다시 끊어진 제6식이 일어날 수 있게 해주는 근원적인 심식으로 설명되기 때문에 제6식보다 항상 하고 지속적이어서 항(恒)이라는 용어를 사용합니다.

오늘날 뇌사상태에 해당하는 일명 식물인간의 문제도 제7식과 관련하여 생각해 볼 수 있습니다. 뇌사상태라고 하는 것은 의식이 단절된 상태를 말하며, 그것을 일반적으로 식물인간이라는 용어를 사용하기도 합니다. 그러나 유식에서는 식물인간의 의식이 단절되었다고 해서 완전히 심식을 포기한 것은 아니며, 단절된 의식 내면에서 제7식이 꾸준히 지속되고 있다고 말할 수 있습니다. 그러므로 식물인간일지라도 언젠가는 다시 의식을 회복할 수 있는 가능성을 가지고 있다는 점에서 별도로 해석될 수 있는 여지를 남기게 됩니다. 이렇게 제7식은 항상 하면서 제6식의 의지처가 되어 준다는 점에서 제6식보다 항상 하는 특성이 있다는 것입니다.

그리고 심(審)이라는 용어는 심세(審細)하다는 의미입니다. 심세하다는 것은 더욱 자세하고 세밀한 인식작용을 할 수 있다는 것으로 이해됩니다. 이것은 제8식에 비해서 그렇다는 이야기입니다. 앞으로 배울 제8식은 항상 하면서 쉽게 변하지 않으며, 구체적인 작용으로 쉽게 드러나지 않는 반면에, 제7식은 제8식에 비하여 심세한 인식작용을 한다는 점에서 심(審)이라는 용어를 사용합니다. 그러므로 제7식은 작용면에 있어서 제6식에 비하여 항상 하는 두드러진 면을 골라서 항(恒)이라 하고, 제8식에 비하여 그 작용성이 심세하게 나타난다는 점에서 심(審)이라고 합니다. 그러므로 제7식은 제6식과 제8식에 비하여 이러한 특성적인 분별 인식작용을 하기에 항심사량식이라고 합니다.

제7식의 성질 유부무기(有覆無記)

인간이 지니고 있는 근원적인 번뇌성이 과연 어디에서 일어나는가라는 문제입니다. 물론 제6식이 선과 악이나 고와 락을 인식한다는 점을 앞에서 제6식의 삼성(三性)과 삼수(三受)에서 살펴보았지만, 선과 악, 고와 락과 번뇌는 다른 종류입니다. 일반적으로 세속적인 의미에서 선과 악, 고와 락이 제6식의 인식영역에 속한다면 번뇌는 이것보다 더욱 깊은 내면적인 심식의 영역이며, 쉽게 겉으로 드러나지 않는 부분이기도 합니다. 이것을 유식학에서는 번뇌라고 하며, 사람들로 하여금 욕망을 부추기고 성도(聖道)라는 성스러운 길을 방해하는 잘못된 식의 작용을 일어나게 하는 것을 말합니다. 이것의 원인을 유식에서는 제7식의 작용으로 설명합니다.

제7식의 이러한 작용을 유부무기(有覆無記)로 설명합니다. 이것은 제7식의 가장 큰 특징이라고 할 수 있습니다. 여기에서 부(覆)는 덮어서 부패하게 한다는 뜻이며, 번뇌성을 의미하는 용어로 쓰이고 있습니다. 번뇌라고 하는 것은 성도(聖道), 즉 성스러운 수행의 길, 깨달음을 이루어가는 길을 방해하는 역할을 하는 것을 말합니다. 이러한 성도를 방해하고 덮어서 나아가지 못하게 함으로써 마음을 능히 부패하고 깨끗하지 못하게 방해하는 것을 부(覆)라고 합니다. 그러므로 유부(有覆)란 이러한 번뇌성이 있다는 뜻입니다. 따라서 제7식은 번뇌성을 근본적으로 가지고 있는 식이라는 점에서 제7식을 유부식(有覆識)이라고 합니다.

제7식은 비록 번뇌성을 지니고 성도를 방해하는 역할을 하긴 하지만 삼성(三性)에서는 무기(無記)라고 합니다. 선(善)도 아니고 악(惡)도 아닌 성질을 가지고 있다는 점이 강조되고 있습니다. 유정들은 누구나 제7식을 항상 보유하고 있기 때문에 번뇌를 일으키고 성도를 방해하고 있지만, 그렇다고 해서 유정들이 항상 악행을 저지르는 것은 아니라는 의미입니다. 번뇌는 내적으로 어두운 상태이므로 악행을 할 수 있는 원인은 되지만 악(惡) 그 자체는 아니며, 선과 악의 구분은 의식을 통하여 행위할 때에만 가능합니다.

그렇다면 선과 악을 결정하는 힘은 어디에서 오는가 하는 의문입니다. 그것은 제6식이 선과 악과 무기에 통한다는 사실에서 알 수 있습니다. 제6식이 선과 악, 무기를 결정한다는 뜻입니다. 그러므로 제7식은 근원적인 번뇌와 관련될 뿐입니다. 유정은 근원적으로 제7식을 지닐 수밖에 없는 한계를 지니고 있기에, 번뇌에 의하여 쉽게 깨달음을 얻지 못할 뿐이며, 그렇다고 해서 항상 악행을 저지르는 것은 아니라는 것입니다. 오히려 악행의 가능성은 제6식의 영역에 속합니다. 악행에는 의도적인 의사와 함께 구체적인 방법 등이 포함되는 것이기 때문입니다. 선행도 마찬가지입니다. 번뇌가 있다고 해서 선행을 실천하지 못하는 것은 아닙니다. 비록 번뇌는 있지만 제6식의 의지적인 노력에 의해서 남을 위하여 선행을 실천할 수 있기 때문입니다.

더욱 나아가면 선과 악의 문제가 제6식의 영역에 속하기에 우리들의 의지적이고 의식적인 노력에 의해서 인간은 선과 악을 결정할 수 있다는 인간의 자유의지에 대한 가능성을 열어두고 있는 부분이기도 합니다. 인간의 자유의지야말로 불교에서는 수행도로 연결될 수 있는 적극적인 자기 실천을 강조하고 있는 내용으로 볼 수 있습니다.

이 점에서 불교에서 번뇌의 문제는 선과 악의 실천의 문제와는 다른 것을 알 수 있습니다. 번뇌가 심식의 내적인 부분에 해당한다면, 선과 악의 문제는 사회적으로 표출되는 외적인 부분에 속합니다. 그러므로 번뇌는 제6식의 의지처가 되는 제7식의 작용에 의한 것이고, 선과 악은 제7식의 번뇌성을 바탕으로 한 제6식의 인식작용에 의한 것입니다. 물론 더욱 근원적인 문제를 언급하자면, 제6식의 인식작용도 사실은 근본식인 제8식의 업력 종자에 의한 것이며, 근본 번뇌 또한 제8식의 종자에 대한 제7식의 집착에 의해서 생기는 것이기 때문에 제8식을 언급하지 않고는 설명할 수 없습니다.

제7식과 근본 4번뇌 근본번뇌의 원인

구체적으로 어떤 과정을 거쳐서 제7식이 우리들에게 근본 번뇌를 일으키는가 하는 것을 살펴보겠습니다. 제7식이 사량하는 역할 중에서 첫 번째로 드러나는 역할은 바로 아(我) 에 대한 집착입니다. 아(我)는 자신의 내면적인 주체인 실체라는 뜻으로 초기불교에서는 이러한 아(我)의 존재를 부정하는 무아(無我)로 설명한다는 점을 말씀드렸습니다.

그러나 유정들은 무아의 이치를 있는 그대로 보지 못하고, 근본번뇌에 의해서 가아(假我)를 실아(實我)로 집착하면서 무명(無明)이 시작되고, 무명에 의해서 생로병사를 비롯한 모든 고통이 수반된다고 합니다.

이러한 근본번뇌의 근원이 되는 것이 제7식의 작용입니다. 제7식의 소의처가 되는 것은 제8식인데, 제7식은 제8식을 대상으로 하여, 자신의 내면적인 자아(自我)로 집착하는 작용을 합니다. 제8식은 모든 심식의 바탕이 되며, 모든 인식행위의 근원이 된다는 점에서, 제7식의 착각을 일으키기 좋은 여건에 있으며, 제7식 자체가 번뇌성으로 반야의 지혜를 흐리게 하는 유부성(有覆性)을 지니고 있습니다. 그러므로 제7식은 무아(無我)의 이치를 밝게 보지 못하고, 제8식을 실아(實我)로 집착함으로써 근본번뇌인 무명을 발생시키고, 무명에 의해서 모든 고통을 유발하는 근본 원인으로 작용합니다.

이렇게 해서 제7식은 제8식을 대상으로 실아(實我)에 집착하면서 근본번뇌에 속하는 4가지 종류의 번뇌를 일으키게 됩니다. 이것을 근본 4번뇌라고 합니다. 이 중에서 먼저 일어나는 것은 아치(我癡)입니다.

아치는 밝게 알지 못하는 무명(無明)입니다. 아(我)에 대해서 잘못 알게 되는 것을 말하며, 구체적으로 무아의 이치에 어두운 것을 말합니다. 무아란 일체는 연기에 의해서 이루어졌으며, 서로의 관계에 의한 가아(假我)인 사실을 모르는 것을 말합니다.

이런 아(我)에 대한 잘못된 집착인 아치에 의해서 아견(我見)이라는 나의 견해를 갖기 시작합니다. 아견이란 아집(我執)이며, 아(我)에 대한 집착입니다. 무아임에도 불구하고 아치에 의해서 아(我)에 대한 잘못된 번뇌를 일으켰기 때문에 집착된 아(我)에 대하여 잘못 분별하는 견해를 갖게 되는 것을 말합니다.

아견에 의해서 생기는 것은 아만(我慢)입니다. 아만이란 자기 스스로가 우월하고 뛰어나다고 하는 거만하고 오만한 생각을 일으켜 자기 자신을 드높이는 생각을 하게 되는 것을 말합니다.

아애(我愛)는 아탐(我貪)을 말하며, 자기에 대한 탐착을 일으키고, 자기사랑에 빠져서 더 이상 무아의 이치를 알려고 하지 않고 자기에게 집착하게 되는 경우를 말합니다.

이와 같이 4번뇌를 발생순서에 따라서 순차적으로 설명하고 있습니다. 그러므로 제7식은 근본번뇌인 아치의 아(我)에 대한 무지인 무명에서 비롯하여, 아(我)에 대한 잘못된 견해를 가지는 아견을 통하여 아(我)에 대한 자만심인 아만을 생기게 하고, 결국 아애의 아(我)에 대한 집착을 하게 되는 것을 말합니다. 이렇게 제7식에 의해서 4근본 번뇌가 발생하게 되고, 여기에서 모든 부수적인 번뇌들이 순차적으로 발생하게 된다는 점에서, 제7식이 모든 번뇌의 근원이라고 할 수 있습니다.

제7식이 아(我)로 집착하고 있는 대상은 제8식이며, 제8식을 자신의 내면적인 아(我)로 집착한다는 설명을 하였습니다. 그러나 제7식이 제8식을 아(我)로 집착하는 것이 항상 하며 끊임없이 지속되지만, 유가수행을 통해서 연기와 무아의 이치를 깨닫는다고 한다면, 제7식이 제8식을 더 이상 아(我)로 집착하는 잘못된 견해는 사라지게 된다는 가능성을 열어두고 있습니다. 이런 경지가 유식에서는 대승보살의 7지(七地) 이상에 해당하는 경지와 소승의 아라한의 단계라고 설명하고 있습니다.

보살 7지 이상이나 아라한의 경지에 도달하게 되면 근본 번뇌를 해탈하고, 무아를 체득하게 되고, 아공(我空)을 얻어서 아(我)에 대한 탐착을 스스로 벗어날 수 있는 무아의 이치를 체득할 수 있습니다. 그러므로 제7식이 단절되는 단계에서는 아(我)에 대한 잘못된 집착인 번뇌장이 끊어지기에 더 이상 윤회하지 않는 해탈의 경지를 얻는다고 설합니다.

사분설(四分說)   분별인식의 작용 원리

근본번뇌는 아(我)에 대한 무지에서부터 시작하여 아(我)에 대하여 애착을 일으키는 것으로, 모두가 아(我)와 관련되어 있습니다. 이러한 아(我)에 대한 집착은 시작을 알 수 없는 때부터 지금까지 상속되어 온 제7식의 제8식에 대한 집착에 의해서 비롯됩니다. 이러한 아(我)의 집착은 번뇌로 우리들의 마음속에 자리 잡게 되고, 자타가 평등한 진여의 이치를 망각하게 되고, 분별하는 마음을 일으키게 합니다.

이러한 마음의 분별심은 대상을 인식함에 있어서도 인식하는 주체와 인식되는 객체를 나누게 됩니다. 이때에 인식되는 대상을 상분(相分)이라 하고, 인식하는 주체를 견분(見分)이라 합니다. 그리고 견분을 다시 증명하는 것을 자증분(自證分)이라 하고, 자증분을 다시 확인하는 것을 증자증분(證自證分)이라 하여, 심식의 인식 내용을 네 가지로 나누어 설명합니다. 이를 사분설이라 하는데, 사분설은 심식이 인식 작용을 할 때에 분별하여 나타나는 것으로 상분(相分)・견분(見分)・자증분(自證分)・증자증분(證自證分)을 말합니다.

상분(相分)은 외부의 대상이 심식 안에서 대상과 비슷한 형상으로 인식되는 것을 말합니다. 그러나 대상이 있는 그대로 비춰지는 것이 아니라, 인식하는 사람의 마음의 업력 종자의 움직임에 따라 자신의 경험을 전제로 해서 대상을 인식하기 때문에 대상 그대로의 모습은 이미 아니라고 해야 합니다. 인식주관인 견분이 인식하는 소연의 대상이 되기에 상분이라고 합니다. 그러나 이미 대상의 본래 모습이 아니기에 비슷한 대상이라는 뜻으로 사소연(似所緣)이라 합니다.

견분(見分)은 상분의 형상으로 나타난 모습을 상대하여 인식하는 역할을 하는 것을 말하며, 상분을 대상으로 인식작용을 하기에 능연의 작용을 하는 심왕과 심소 등의 심식전체의 작용인 행상(行相)을 말합니다. 그러나 이미 유루의 번뇌 종자에 의해서 분별된 인식작용을 지니고 있기에 완전한 인식이 아니며, 이와 비슷한 인식을 한다는 의미로 사능연(似能緣)이라고 합니다.

자증분(自證分)은 상분과 견분의 바탕이 되는 의지처가 되며, 상분과 견분이 분화되어 나누어지는 바탕이 되는 것을 말합니다. 또한 상분을 짓게 하는 원인이 되며, 견분이 상분을 인식하게 하는 작용을 도우고, 이를 증명하는 역할을 합니다. 만약 자증분이 없다면 일찍이 인식한 내용들을 저장할 수 없게 되고, 기억할 수 없게 됩니다. 특히 자증분은 견분의 역할에 대하여 다시 검토하고 확인하고 증명하는 역할을 함으로써 인식의 주체를 보완하는 작용을 합니다.

증자증분(證自證分)은 자증분을 다시 입증하는 역할을 합니다. 이것이 없다면 자증분을 증명할 방법이 없게 되고, 모든 인식에는 인식결과가 있어야 하는데 자증분으로 그치게 되면, 자증분의 인식결과를 확인할 수 없게 되기에 제4의 증자증분이 필요하게 되는 것을 논리적으로 설명합니다.

이 중에서 상분과 견분은 외부에 대한 대상의 인식이 주가 되고, 자증분과 증자증분은 내부의 인식에 해당합니다. 상분은 오직 견분의 소연의 대상으로서 역할만이 있게 되고,

견분은 상분을 대상으로 인식하는 작용을 하게 되며, 자증분은 견분을 대상으로 견분의 인식을 확인하고, 증자증분은 자증분과 더불어 지속적으로 상호 확인하는 절차를 거치게 됩니다.

우리들의 업력 종자는 사분(四分) 가운데 자증분에 포섭(包攝)된다고 합니다. 선업종자와 악업종자 등 온갖 종자는 심식의 중심인 자증분에 보존되었다가 제6식과 제7식 등의 심식을 통하여 현상으로 나타나게 됩니다. 업력 종자는 제8식의 자체(自體)에 해당하는 자증분에 의존하였다가 대상을 만나면 즉시 상분으로 나타나게 되며, 동시에 제6식을 비롯한 여러 가지 마음의 현상은 상분을 통하여 나타나게 됩니다.

이 상태의 상분을 대상으로 견분의 인식하는 활동이 있게 됩니다. 그러므로 제8식 가운데의 모든 업력 종자는 현상계의 사실로 나타날 때에 자증분에 의하여 상분으로 보이게 되며, 견분의 인식대상이 되어 다시 자증분 속에 남게 되고, 새로운 종자로 저장하게 되는 과정을 순환하면서 상속하는 과정을 끊임없이 거치게 됩니다.

이것은 제7식의 번뇌에 의한 심식이 분별하는 작용원리를 네 가지로 나누어 설명하는 것으로 우리들의 대상에 대한 인식이 근원적으로 대상을 있는 그대로 인식하는 것이 아님을 보여주는 것입니다. 우리들은 오직 자신의 경험에 의한 업력종자의 훈습됨에 따라 대상을 이미 상분으로 정해놓고, 이것을 다시 확인하는 과정을 거치는 분별된 인식을 할 수밖에 없는 실정을 말해 줍니다.

제7식의 단멸 번뇌장의 소멸

제7식이 지속되는 범위를 아라한(阿羅漢)을 비롯하여 지극히 마음이 고요하여 무루의 지혜를 얻기 시작하는 멸진정(滅盡定)과 출세도(出世道)의 이전 단계까지로 하고 있습니다. 아라한은 더 이상 윤회하지 않는 해탈의 단계를 말하며, 멸진정은 구경(究竟)의 정각(正覺)을 이루는 금강유정(金剛喩定)에 해당하는 선정을 뜻하며, 출세도는 세속적인 번뇌와 세간적인 번뇌를 해탈한 진리의 경지를 말합니다. 그 이전에 해당하는 범부 이상의 모든 유정들은 자신에 대한 어리석음인 아치와 아견, 아만, 아애를 일으켜서 대상에 집착을 하고, 자기 자신에게 집착함으로써 올바른 지혜를 갖지 못하고 해탈의 궁극적인 경지에 이르지 못하는 단계입니다.

지금까지 제7식을 통하여 제6식의 한계에 해당하는 의근에 대한 문제와 근본번뇌의 발생에 대한 문제 등은 해결이 될 수 있었습니다. 그러나 아직까지 제7식의 의지처가 되는 근본적인 심식에 대한 설명과 제7식의 집착의 대상이 되는 아(我)가 무엇인가라는 문제는 아직 해결되지 못하고 있습니다. 그리고 인과와 연기, 또는 윤회의 주체가 무엇인가라고 하는 것도 아직까지 풀리지 않는 문제로 남아 있습니다. 이런 문제들을 대승의 유식에 와서는 제8식 즉 근본식을 설명하면서 제7식의 한계를 해명하게 되고, 모든 심식을 종합적으로 정리하는 완전한 8식설이 성립하게 되는 성과를 얻게됩니다.

| 제7강의 |
제1 능변식(1)

제1 능변식(1): 제8 아뢰야식

유식학에서 심식의 근본이 되고, 모든 인간 활동과 심식의 인식을 주도하며, 의지처가 되는 제8식에 대해 알아보고자 합니다. 특히 지금까지의 여러 심식들로 설명하지 못했던 윤회의 문제와 근원적인 심식의 작용에 대한 점을 중심으로 2회에 걸쳐 설명하겠습니다.

제8식의 명칭　아뢰야식

제8식은 여러 가지 이름을 가지고 있습니다. 먼저 제1능변식이라는 용어를 생각할 수 있습니다. 제1이라고 하는 것은 제일 먼저라는 뜻입니다. 그래서 발생순서에서 제8식은 제일 먼저이며, 나머지 심식들을 발생하게 한다는 점에서 능히 변화를 주도하고 일으키는 심식이라는 뜻입니다. 이런 점에서 제8식은 모든 식의 근본이 되는 식이라는 뜻으로 근본식이라고 합니다.

또 제8의 인식작용의 특성에서 유래하여 아뢰야(Ālaya)

식이라는 용어를 쓰기도 합니다. '아뢰야'는 '집착하다', 또는 '저장하다'는 의미로 사용됩니다. 특히 '저장하다는' 뜻으로 한역에서는 이런 의미를 지닌 장(藏)이라는 단어를 사용하여 장식(藏識)으로 번역합니다. 장식(藏識)이라는 의미가 중요하게 사용되기 때문에 흔히 제8식을 아뢰야식이라고 표현합니다. 장식이라는 말은 결국 무엇을 저장하는 심식인데 무엇을 저장하는지 알아보겠습니다.

유식학에서 인간의 행위는 심식으로 인해서 이루어지게 되고, 이 심식으로 이루어진 인간의 행위들은 단순히 사라지는 것이 아니고, 특정한 형태로 심식 속에 저장된다고 합니다. 그 저장되는 과정을 유식에서는 훈습(薰習)이라는 용어를 사용합니다. 훈(薰)이란 향을 싼 종이에 향기가 나듯이 사물에 깊고 은근히 배여 들어가서 그 속에 무엇인가 흔적을 남긴다는 뜻을 갖춘 단어입니다. 습(習)이란 이러한 것이 습관적으로 지속되게 되면 꾸준하게 그것이 배여 들어가서 일정한 효능을 지닌 가치로 전환되는 것을 의미합니다. 그렇게 아뢰야식 속에 전환된 가치들을 유식에서는 종자(種子)라는 단어로 설명하고 있으며, 종자란 씨앗을 말하고, 미래의 가치로 활용될 수 있는 가능성을 지닌 것이라는 점에서 붙인 이름입니다.

우리들이 하고 있는 모든 행위들을 유식에서는 현행(現行)이라는 용어로써 대변합니다. 현행된 모든 행위들은 없어지는 것이 아니고, 일정한 훈습이라는 과정을 거쳐서 다시 우리들의 심식 속에 종자라는 가능성으로 저장되고, 다음의 현행을 일으키는 과정에서 어떤 역할을 하게 된다는 것으로 설명하고 있습니다. 우리들의 활동, 즉 현행들이 훈습되어서 종자가 되어가는 과정들을 요약해서 현행훈종자(現行薰種子)라고 합니다.

이것은 모든 행위는 훈습되어서 종자로 저장된다는 의미로 해석되며, 한번 훈습된 종자는 있는 그대로 유지될 수 없습니다. 왜냐하면 우리들은 끊임없이 행위를 지속하고 있기 때문입니다. 이런 점에서 저장된 종자는 멈추지 않고 끝없는 현행들의 연속에 의해서 지속적으로 훈습되기 때문에 저장된 종자는 다시 새로운 종자로 변모되면서 끊임없는 변화의 과정을 지속하게 됩니다. 그런 과정을 종자가 새로운 종자로 거듭 태어난다고 해서 종자생종자(種子生種子)라고 합니다.

그렇다면 현행으로 저장된 종자의 지속적인 훈습에 의해서 새로운 종자가 생겨가는 과정을 거쳐서 결국은 현재의 종자가 현재의 상황에 대하여 현행이라는 현실적인 행동으로 다시금 드러나게 되는 과정을 맞게 됩니다. 이렇게 현실적 행위로 종자가 나타나게 되는 것을 종자생현행(種子生現行)이라 합니다.

이렇게 되면 우리들의 과거 행위들이 사라지지 아니하고, 아뢰야식 속에 종자로 저장되고, 이런 저장의 과정을 지속적으로 거쳐 가는 동안 종자의 가능성에 의해서 어떤 여건과 상황을 만나게 되면, 저장된 종자의 가능성에 적합한 행위를 유도하는 종자를 아뢰야식 속에 지닌다는 의미로 생각해 볼 수 있습니다.

이렇게 된다면 제8식의 역할은 어떤 심식보다도 종자를 저장하는 의미가 가장 강하게 부각됩니다. 그러므로 이 심식을 일반적으로 아뢰야식 또는 장식이라고 말하고 있습니다. 또한 아뢰야식 속에 저장된 종자는 잘 보존되어야 하며, 쉽게 잃어버리지 말아야 합니다. 그래야만 종자를 저장하는 아뢰야식의 역할에 충실할 수 있습니다. 이 점에서 종자를 잃어버리지 않는다는 의미로 무몰식(無沒識)이라고 하기도 합니다. 여기서 몰(沒)은 사라지고 없어진다는 뜻입니다. 한번 저장된 종자들은 변화는 있겠지만 결코 사라지지 말아야만 과거의 행위가 현재의 결과로써 나타나게 될 수 있습니다.

과거 현행의 결과로서의 종자가 새로운 원인이 되고, 여기에 의해서 현재 현행의 결과를 유발할 수 있는 가능성으로서의 아뢰야식을 설명할 수 있습니다. 그러므로 일정한 과거의 원인이 현재의 결과를 발생하기 위해서는 이 과정 속에 인과관계가 성립되어야 하므로 반드시 종자를 잃어버리지 않는 그런 능력과 작용을 아뢰야식이 갖추고 있어야 하는 당위성이 요구됩니다.

삼상 제8식의 세 가지 모습

제8식이 지니고 있는 구체적인 모습에 대해 알아보겠습니다. 불교에서는 어떤 대상이나 보이지 않는 심식이라 할지라도 구체적으로 설명하기 위해서는 일반적으로 세 가지 모습으로 나누어서 살펴보는 것이 통설로 되어 있습니다.

세 가지를 보통 삼상(三相)으로 설명합니다. 여기에 따라서 제8식을 구체적으로 알기 위해서 삼상으로 나누어 봄으로써 보다 자세하게 이야기할 수 있습니다. 세 가지는 자상(自相)과 과상(果相)과 인상(因相)입니다. 그러므로 제8식의 삼상은 전체적인 모습이며, 이를 대표하는 것은 자상입니다. 제8식의 자체의 모습이라는 의미가 자상이며, 자상 속에 과상과 인상이 포함된다고 할 수 있습니다.

이 중에서 과상(果相)은 제8식이 어떤 결과를 일으키게 하는가라는 점에 주목해서 과상이라고 불리게 되었습니다. 이런 점에서 제8식의 다른 이름으로 이숙식(異熟識)이라는 용어가 사용되고 있습니다. 이숙(異熟, Vipāka)은 다르게 성숙된다는 의미를 갖춘 용어입니다. 여기서 이(異) 자는 생소하지만 유식에서는 중요한 의미로 사용됩니다. 다르다는 것은 원인과 결과의 관계를 설명할 때에 사용합니다. 원인이 그대로 남아 있는 상태일 때에는 아직 아무런 변화가 없기 때문에 결과는 물론 생기지 않게 됩니다. 원인이 없어진 이후에 결과가 나타나게 됩니다. 그러므로 원인이 없어지고 이에 합당하는 결과가 생기기 때문에 원인과 결과는 다르다는 뜻입니다. 원인과 결과가 다르게 되어야만 인과의 이치가 성립하기 때문입니다. 따라서 결과의 입장에서 보면 원인이 다르게 변한 것이 결과입니다. 그래서 제8식의 결과의 입장에서 바라보는 경우에 종자가 현행으로 변화된다고 하는 의미로 이 심식의 이름에 이(異) 자가 붙게 됩니다.

숙(熟)이라는 용어는 '성숙되다', '결과를 낳게 된다'는 의미이며, 어떠한 결과가 충분하게 드러나게 된다는 의미로 사용됩니다. 유식에서는 종자가 성숙되어서 현행으로 드러나는 것을 숙(熟)이라는 용어로 사용하기에 결과적인 입장에서 보는 것이므로 과상이라고 할 수 있습니다. 그러므로 제8식

속에 저장된 종자가 현재의 상황에서 마음속 깊은 곳에서 움직이면서 인식을 결정하고, 자기행동을 현행하게 되는 과정을 숙(熟)으로 해석할 수 있습니다. 이렇게 결과가 이루어지는 과정 속에서 이(異) 자가 주는 의미는 종자가 현행으로 다르게 변화되기 때문에 이(異) 자를 사용하고 있음을 알 수 있습니다.

그러므로 제8식은 이숙의 의미로서 과상을 지니고 있다는 것은, 일정하게 자기 마음속에 저장되어 있는 종자가 변화되어서 현행으로 나타나는 결과를 가지고 온다는 뜻으로 이해할 수 있습니다. 이런 점에서 아뢰야식을 과상으로 해석하여 이숙식의 용어를 사용하고 있음을 알 수 있습니다.

이숙의 과상(果相) 중에서 결과가 처음으로 크게 나타나는 것을 전체적인 과보라 하여 총보(總報)라 하고, 이때의 아뢰야식을 진이숙(眞異熟) 또는 이숙식이라고 합니다. 그리고 이 총보에 의지하여, 세부적인 의식 활동과 행위를 하게 되는 것을 별보(別報)라고 하고, 이숙에 의하여 생기는 것이기에 이숙생(異熟生)이라 합니다. 이것은 종자에 의해서 결과가 생기는 과정을 설명하는 것이며, 먼저 총체적인 과보가 크게 정해지고, 이어서 세부적인 종자의 작용이 일어나게 되는 것을 연속적으로 보여줍니다. 그러므로 아뢰야식을 이숙식이라고 하는 것은 근원적인 심식에 해당하여 총보를 결정하는 것이기 때문에 붙인 이름입니다.

제8식의 인상(因相)은 제8식이 어떤 원인이 되는 역할을 하는가라는 의미입니다. 인상은 원인으로서의 일체종자식(一切種子識)을 말합니다. 그리고 이 종자는 원인의 역할을 하며, 항상 보존되고 유지되어야만 그 기능을 할 수 있기에 집지(執持, Ādāna)식이라 합니다. 종자가 어떤 결과를 낳게 할 수 있는 원인의 역할을 한다는 점에서 인상이라 합니다. 그러므로 제8식은 일체의 종자를 지님으로써 어떤 결과를 일으키게 할 수 있는 원인의 역할을 할 수 있는 가능성을 가지고 있다는 것을 인상이라고 할 수 있습니다.

제8식은 종자를 지님으로써 모든 일의 원인을 제공하는 인상의 모습과 함께 결과적으로는 현행으로 다르게 변화되어서 결과를 유출하게 되는 과상의 모습을 함께 지니고 있음을 알 수 있습니다. 결과의 모습인 과상과 원인의 모습인 인상을 모두 포함하는 것이 제8식의 자상(自相)입니다. 제8식 스스로의 모습, 즉 전체적인 모습이며, 이것을 우리는 아뢰야식으로 부릅니다. 왜냐하면 제8식은 주로 종자를 저장하며, 이에 의해서 결과를 나타내기 때문에 종자를 저장한다는 의미인 아뢰야의 뜻이 잘 부합되기 때문입니다. 과상과 인상의 전체적인 모습인 자상은 원인과 결과의 역할을 충실하게 설명할 수 있기 때문에 자상의 이름인 아뢰야를 사용하여 일반적으로 제8식을 부르게 됩니다.

그러므로 제8식의 이름은 일정한 결과를 가지고 올 수 있다는 점에서 과상으로는 이숙식이라 하고, 일체의 종자가 된다고 해서 원인을 제공하는 인상으로는 일체종자식, 또는 종자를 지닌다는 의미로 집지식이라 하고, 전체적인 입장인 자상에서는 종자를 지녀서 일정한 결과를 내게 되는 아뢰야식이라는 이름을 지니게 됩니다.

삼장 제8식의 세 가지 작용

이 중에서 좀 더 자세하게 살펴볼 수 있는 내용들은 자상에 대한 내용입니다. 자상 속에는 또한 세 가지의 작용이 있다고 알려져 있습니다. 이 세 가지 작용이란 주로 아뢰야식의 작용이 종자를 저장한다는 의미에서 비롯된 것으로 이것을 삼장(三藏)이라 합니다. 삼장이란 세 가지로 종자를 저장할 수 있다는 것을 말하며, 능장(能藏)과 소장(所藏)과 집장(執藏)을 말합니다. 이중에서 능(能)은 주체가 된다는 것이며, 소(所)는 그 대상이 되는 것입니다.

따라서 능장이란 아뢰야식의 입장에서 종자를 지니는 주

체가 될 수 있다는 의미로 해석되고, 소장은 종자의 입장에서 아뢰야식에 종자가 저장될 수 있는 저장소로서의 역할을 할 수 있다는 점에서 붙인 이름입니다. 이와 같이 능장과 소장의 관계가 이루어져야만 아뢰야식은 종자를 저장하는 능력이 있게 되고, 종자는 아뢰야식 속에 저장될 수 있는 것이 될 수 있습니다. 이런 두 가지의 조건이 갖춰질 때에 아뢰야식이 종자를 저장할 수 있는 가능성이 있기 때문에 능장과 소장으로 나누어서 설명하고 있습니다.

이것보다 더 중요한 부분은 집장(執藏)이라는 부분입니다. 집장이라고 하는 것은 아뢰야식 속에 종자를 잘 집지해서 그것을 잊어버리지 않게 하는 역할을 함과 동시에 제7식이 자신의 내면적인 자아로 집착하는 대상이 된다는 점에서 집장이라고 합니다. 근본번뇌가 일어나는 근원적인 원인이 여기에 있으며, 모든 집착을 발생할 수 있는 가능성이 여기에 있기 때문에 집장은 삼장 중에서도 가장 중요한 것으로 설명됩니다. 따라서 능장과 소장은 종자와 관련되어 설명될 수 있는 내용이고, 집장은 제7식과 관계해서 근본적인 번뇌를 일으키는 대상의 원인으로써 아뢰야식을 설명할 수 있는 내용입니다. 집장은 제7식이 아뢰야식을 자아(自我)로 집착한다는 점에서 윤회의 주체가 되고, 삼계(三界)와 육도(六道)의

고해(苦海)에 윤회를 시작하는 원인을 제공하기 때문에 매우 중요한 역할을 하는 것을 알 수 있습니다.

삼위　제8식의 세 가지 단계

제8식에 대해서는 수행단계에 따라서 나누어 설명하는 경우가 있습니다. 제8식 자체가 워낙 포괄적이고 복잡하게 작용하기 때문에 수행의 단계에 따라서, 세 가지 단계로 구분해서 설명하는 방법입니다. 이런 방법을 유식학에서는 삼위(三位)로 설명하고 있습니다. 삼위는 세 가지의 단계입니다.

첫 번째는 아애(我愛)가 지속적으로 나타나는 것을 말하며, 집장하는 작용이 실질적으로 나타나고 있는 상태이며, 아애의 집장이 현행한다고 하여 아애집장현행위(我愛執藏現行位)라 합니다. 제7식이 제8식을 자아로 집착하는 집장의 작용이 아직까지 남아 있기 때문입니다. 이런 단계는 대승보살의 제7지까지 해당됩니다. 그러므로 대승보살의 10지 수행과정에서 제7지까지는 아직까지 자아라는 집착이 남아 있는 단계에 해당하며, 제8식 중에서 자아에 대한 집장의 대상이 된다는 점에서 아뢰야식이 아직 남아 있는 단계입니다.

두 번째는 보살의 제8지부터는 자아에 대한 집착이 사라지게 되고, 그 대신에 이전에 있었던 선악에 대한 과보만 남아서 지속되고 있는 단계에 있기 때문에 선악업과위(善惡業果位)라 합니다. 이것은 선악이라는 자기가 지은 원인에 대한 과보가 아직까지 남아 있는 상태입니다. 이 경우는 보살의 제8지 이상 제10지까지 지속되는 과정 속에서 선악의 과보가 남아 있는 단계입니다.

이런 경우는 아애로써 집장하는 상태를 벗어난 단계입니다. 왜냐하면 제7식에 의해서 자아로 집장되는 대상이 되는 아뢰야식이 이미 단절되었기 때문입니다. 아뢰야식이 단절되었기 때문에 제7식이 더 이상 자아로 집장할 수 있는 대상이 사라지게 되었으므로 아애에 대한 작용이 일어나지 않는 단계입니다. 이 단계에서는 무아와 연기의 이치를 깨달아서 아집(我執)을 벗고, 아공(我空)을 얻음으로써, 번뇌의 장애인 번뇌장(煩惱障)이 단절되게 되므로 해탈의 뛰어난 과보를 얻게 됩니다. 그러나 이전에 있었던 선악업과에 대한 과보는 남아 있어서 그 결과를 받아야 하는 위치이기에 선악업과위라고 합니다. 또한 제8식 중에 집장의 뜻이 강한 아뢰야식이 끊어졌기에 이 단계부터는 제8식을 아뢰야식이라고 부르지 않고, 과보가 남아 있다는 점에서 선악업과위라고 합니다.

제8지 이상의 보살들에게는 제8식을 아뢰야식이라 하지

않고, 과보가 남아 있다는 뜻에서 제8식의 과상의 이름인 이숙(異熟, Vipāka)식이란 명칭을 사용합니다. 일반적으로 우리들이 제8식을 아뢰야식이라고 부르는 것은 중생의 유루심을 극복하는 것이 목표이기에 우리들의 심식 중에 아집의 유루심이 남아 있는 제7지 보살의 이전단계가 중요하기에 아뢰야식이란 호칭을 사용하고 있습니다.

세 번째는 상속집지위(相續執持位)입니다. 상속집지위는 범부에서부터 깨달음에 이르기까지 제8식이 종자를 집지하여 지속하는 위치입니다. 상속(相續)은 지속된다는 의미이며, 집지(執持)는 지닌다는 뜻입니다. 따라서 범부가 깨달음에 이르기까지 유루의 종자와 무루의 종자를 함께 지속해서 지닌다는 의미로 해석됩니다. 이렇기 때문에 범부는 깨달음을 얻지 못한 단계에서는 제8식 속에 업력을 저장하는 유루종자를 지니게 되고, 깨달음을 얻게 되면 유루의 종자를 버리고 무루의 종자를 얻게 됩니다. 그러므로 이 단계에서는 유루와 무루의 종자를 함께 지니는 가장 포괄적인 단계가 될 수 있습니다. 이 점에서 이때에 제8식의 이름은 종자를 지니는 의미가 강하기 때문에 집지(執持, Ādāna)식이라 합니다.

제8식은 세 가지의 단계에 따라서 그 이름이 변하고 있음을 알 수 있습니다. 아애에 대한 집장이 현행하고 있는 보살

제7지까지는 아집의 종자가 남아 있기에 아뢰야(阿賴耶, Alaya)식이라 하고, 제8지 이상의 보살들에서는 유루의 번뇌가 끊어지고 선과 악의 과보만 남아 있다는 점에서 이숙(異熟, Vipāka)식이라 하고, 범부는 깨달음을 얻을 때까지 유루와 무루의 종자를 모두 상속하여 집지한다는 점에서 집지(執持, Ādāna)식이라 합니다. 이렇게 제8식은 그 작용과 단계에 따라서 다른 이름으로 사용되고 있습니다. 그러나 가장 중요한 것은 현재 우리들의 입장에서 시급하게 끊어야 하는 세속의 번뇌를 설명할 수 있는 아애집장의 의미가 제일 크기 때문에 제8식을 아뢰야식으로 통칭하고 있습니다.

종자와 아뢰야식의 관계

제8 아뢰야식과 제7 말나식과 제6 의식과 전5식 등의 심식작용은 일정한 업력을 지니는 종자가 되어 아뢰야식 속에 저장됩니다. 저장된 종자는 모든 심식행위의 원인이 되고, 현행(現行)하는 현재의 행위는 종자의 결과가 됩니다. 그러나 현행의 결과는 나타나는 순간과 동시에 또 다른 원인으로서 업력 종자로 아뢰야식에 저장되어 미래의 결과를 가져올 원인의 종자가 됩니다. 이런 점에서 종자와 심식은 불가분의 관계를 갖고 있는 것으로 서로 같지도 않고 다르지도 않은 불일불이(不一不異)의 관계라고 말합니다.

이 중에서 특히 제8 아뢰야식과 종자와의 관계는 아뢰야
식은 종자가 저장되는 본체가 되고, 종자는 작용을 일으키는
주체가 됨으로써 종자가 원인이 되어서 아뢰야식의 심식작
용을 통하여 행동으로 나타나는 현행의 결과를 낳게 합니
다. 즉 종자는 아뢰야식 안에 있으면서 아라야식의 기능을
발휘할 수 있도록 하는 원인의 역할을 하고, 아뢰야식의 활
동은 종자의 결과가 됩니다. 이와 같이 종자와 아라야식 그
리고 종자와 모든 심식의 현행 등의 관계는 같다고 할 수 없
고, 별개의 것이라고도 할 수 없을 만큼 밀접한 관계를 지니
고 있습니다.

종자의 실재 문제

종자가 존재하는 것인가, 아니면 임시로 존재하는 것인가
에 대한 견해가 있습니다. 종자가 임시인 것이며 가(假)라는
주장은 중관학파의 주장입니다. 이들은 종자는 실제로 있는
것이 아니라고 주장합니다.

왜냐하면 모든 사물은 생기고(生), 잠시 머물고(住), 변화하
여(異), 없어지는 것(滅)이기 때문이며, 종자도 이와 같다는
해석입니다. 그러나 중관학파의 주장을 유식학에서는 승의

(勝義)의 승의(勝義)로 해석하여 초월적인 입장에서는 수용하고 있지만, 세속의 원리로 설명하기에는 부족하기에 승의(勝義)를 표현하는 세속(世俗)의 입장이라는 범주 속에서 종자에 대하여 설명합니다.

유식학에서는 일체의 만법은 종자에 의하여 이루어진다고 하고, 만법은 진여성(眞如性)과 관련되어 있다고 합니다. 그래서 종자와 진여의 밀접한 관계 속에 만법이 있으므로, 종자는 가법(假法)이 아니고 실제로 존재하는 것이라고 주장합니다. 왜냐하면 종자가 가법이고 실제로 존재할 수 없다면, 그 작용성도 없어지게 되어, 인과와 윤회를 설명할 수 없게 되고, 무루종자를 비롯한 불성(佛性) 등을 설명할 수 없게 되기 때문입니다. 이것으로 종자의 실재성을 통하여 그 작용의 중요성을 유식학에서 강조하고 있음을 알 수 있습니다.

종자는 만법과 진여 등의 진제(眞諦)와 속제(俗諦)를 비롯한 일체의 원인이 됨을 밝히는 것입니다. 진제는 무루의 진리성을 의미하고, 속제는 유루의 현상계의 속성을 말합니다. 그러므로 진제와 속제도 역시 상대적인 것에 해당합니다. 그러므로 진제가 성립하면 속제도 성립하고, 속제가 성립하면 진제도 성립하게 되는 불가분의 관계 속에 있음을 나타내고 있습니다. 만법인 속제와 진여인 진제도 불가분의 관계에 있기에 동시에 종자와 만법과 진여도 서로 밀접한 관계에 있음을 알 수 있습니다. 이것으로 종자 중에도 만법의 원인이 되는 유루종자가 있고, 진여성을 획득할 수 있는 가능성으로서의 무루종자가 있다는 점을 알 수 있습니다. 그러므로 종자는 일체의 모든 현상은 물론 진여의 원리를 설명할 수 있는 범위까지 그 역할이 가능한 것을 알 수 있습니다.

무루종자와 유루종자

제8식에 있는 무루종자(無漏種子)는 모든 유정들이 본래로 지니고 있는 청정한 마음입니다. 그러므로 무루종자는 일반적인 선과 악업종자와는 달리 제8식의 청정무구한 진여성에 보존됩니다. 그러나 무루종자라 할지라도 수행에 의한 반복적인 훈습(薰習)이 있지 않으면 현행할 수 없게 됩니다. 유정들은 유루의 번뇌성에 집착하여 유루종자만이 아뢰야식과 서로 원인이 되고, 결과가 되면서 인과를 지속하고 있으며, 무루종자가 나타나지 못하게 방해하고 있을 뿐입니다. 제8식에 무루종자가 보존되어 있어서 본성은 무루종자일지라도 유정들의 번뇌에 의하여 유루종자만이 현행하기 때문에 아뢰야식은 무루종자가 나타날 때까지 주로 유루종자와 관련하여 역할을 하게 됩니다.

이 점에서 유루종자는 아뢰야식과 관련이 있고, 무루종자
는 일체종자식인 집지식에 속합니다. 그러나 점차 아뢰야식
이 번뇌의 유루종자인가 청정한 무루종자인가 또는 유루와
무루를 함께 지니는가에 대한 논의가 지속되고 있습니다.

종자 훈습의 종류

종자가 훈습되는 것에 대해 견해가 몇 가지 있습니다. 본
래부터 종자가 있다는 본유설(本有說)이 있고, 종자는 항상 새
롭게 훈습된다는 신훈설(新熏說)이 있으며, 본유의 종자도 있
고 신훈의 종자도 있다는 합성설(合成說)도 있습니다.

본유설은 선업과 악업 등 모든 업력은 아뢰야식에 본래부
터 종자로 보존되어 있는 것이며, 그 업력에 의하여 현재의
과보를 받게 된다고 하는 것입니다. 그러므로 종자는 새로
조성된 것이 아니며, 보존된 종자에 의하여 현실의 결과로
나타나게 되는 역할을 할 뿐이라고 하였습니다. 그리고 본
래부터 우리들에게 무루종자가 없다면 누구도 성불할 수 없
기 때문에 본래로 종자가 있다고 주장합니다. 그러나 본유
설은 불변하는 종자의 지속적인 작용성을 설명할 수는 있지
만, 현행에 의하여 새롭게 생기는 종자를 부정함으로써 선악

이나 수행의 과보로 나타나는 결과를 수렴할 수 없다는 점에서 한계를 보이기도 합니다.

신훈설은 종자는 원래 훈습에 의해서 생기는 것이기 때문에 종자의 체성이 새롭게 생기는 것이라고 주장합니다. 본래부터 종자가 있다면 업력이 고정되어서 더 이상의 진보가 있을 수 없게 되며, 항상 새롭게 생기는 것이기 때문에 변화의 가능성이 있다고 합니다. 또한 무루종자 역시 본래로 있는 것이 아니라 수행에 의하여 점차 무루의 훈습이 지속되어서 나타나는 것이라고 합니다. 그러나 없던 무루종자가 새롭게 생긴다는 점에서 설명의 한계가 보입니다.

합성설은 본유설과 신훈설을 합한 것으로, 본래부터 저장되어 있는 종자가 있고, 새롭게 훈습되는 종자도 있다는 것입니다. 본래부터 저장되어 있는 종자는 무루종자와 같은 근원적인 것과, 이번 생에 태어날 때에 전생에서 가지고 오는 것과 같은 것을 말합니다. 그리고 새롭게 훈습되는 종자는 현행을 통하여 훈습되는 것을 말합니다. 본유와 신훈의 종자를 모두 인정함으로써 이들이 지니고 있었던 한계를 극복할 수 있게 되었습니다.

| 제8강의 |

제1 능변식(2)

제1 능변식(2): 제8 아뢰야식

이번 강의는 제8 아뢰야식의 성질과 작용에 대해 알아보겠습니다.

제8식의 성질 무부무기성

제8식의 작용을 알기 위해서는 성질을 먼저 알아야 합니다. 앞에서 우리는 제6식은 선(善)과 악(惡)과 무기(無記)의 삼성(三性)에 통하기에 주로 선악시비를 가리는 판단을 위주로 한다고 설명하였습니다. 그리고 제7 말나식은 유부무기성(有覆無記性)인 것을 배웠습니다. 유부(有覆)라는 것은 번뇌를 지니고 있다는 뜻이고, 무기(無記)는 선과 악에 치우치지 않는다는 것입니다. 그래서 제7식은 비록 번뇌성을 지니고 있지만 선과 악에 치우치지 않는 성질을 지니고 있습니다.

제8 아뢰야식의 성질은 무부무기성(無覆無記性)으로 알려져 있습니다. 무부(無覆)란 번뇌에 덮여 있지 않다는 뜻이고, 무기(無記)는 선성과 악성에 속하지 않는다는 뜻입니다. 그러므로 제8식의 성질은 무부무기성으로 번뇌가 정해져 있지 않으며, 선이나 악에 통하지 않는 성질을 지니고 있다는 것입니다. 흔히 우리들은 제8식의 심식자체가 좋고 나쁜 업력을 보존하고 종자를 저장해서 일정한 결과를 낳게 한다는 것으로 알고 있지만, 그것 자체가 번뇌에 국한되지는 않는다는 사실입니다.

비록 제6식과 제7식의 업력의 결과인 종자를 저장하기는 하지만, 번뇌 또는 선과 악으로 그것을 저장한다는 의미는 아닙니다. 만약 아뢰야식의 본성이 번뇌의 유부성이라면 우리들은 번뇌를 벗지 못하고, 결국 무부의 지혜를 얻지 못하게 될 것입니다. 또한 아무리 수행 노력을 할지라도 본성이 유부성이기에 유부성과 함께할 수 없는 무부성의 종자가 아뢰야식 속에 저장될 수 없게 되기에 수행의 증과를 얻지 못하게 될 것입니다.

아뢰야식의 본성이 무부라는 것은 본성적으로 우리들의 근원적인 심식은 번뇌에 물들어있는 상태가 아니기 때문에 얼마든지 우리들의 노력에 의하여 청정한 마음을 얻을 수 있다는 것입니다. 번뇌의 근원은 제7식이 제8식을 대상으로 하여 내부의 자아로 집착하는 것에서부터 시작되는 것이지, 제8식 자체가 번뇌를 일으키는 것은 아니라는 점입니다. 다만 제7식의 집착의 대상이 될 뿐입니다. 번뇌가 없는 무부이기 때문에 유루의 종자와 무루의 종자를 모두 집지할 수 있습니다. 번뇌뿐만 아니고 무루의 지혜조차도 제8식은 그것을 보존하고 있기 때문에 결국 유루와 함께 무루의 성질도 지니고 있으며, 유루에 국한되지 않고 무루도 함께 공존하는 그런 성질이기 때문에 무부성이라고 해야 타당합니다.

또한 제8식은 선과 악을 모두 포함할 수 있어야 만합니다. 왜냐하면 종자 속에는 선성인 것도 있고 악성인 것도 있기 때문입니다. 그러므로 만약 선성과 악성으로 제8식의 성질이 결정되어 있다면, 선성은 선성의 종자만 지녀야 하고, 악성은 악성의 종자만을 지녀야 하기 때문에 이들을 모두 지니기 위해서 제8식은 선성과 악성으로 그 성질이 정해져 있지 않아야 합니다. 그러므로 그 성질은 무기성이 되어야만 합니다.

이것은 표면적인 선과 악의 문제가 우리들의 심식의 근원과는 관계가 없다는 사실을 보여줍니다. 근원적인 제8 아뢰야식에 악의 종자가 있어서 악행을 저지르는 것은 아니라는 것입니다. 비록 아뢰야식 속에 유루의 종자가 있지만 그것은 악성 그 자체는 아닙니다. 아뢰야식에 저장된 종자가 악행의 가능성은 지닐 수 있겠지만 종자 자체가 본래로 악성

162

인 것은 아닙니다.

그러므로 비록 악행의 가능성을 지닌 종자가 아뢰야식 속에 있다고 할지라도 반드시 악행을 일으키는 것이 아니기 때문에, 우리들의 제6식의 노력에 의해서 악행을 예방하고 저지할 수 있는 가능성이 있게 됩니다. 선행도 마찬가지입니다. 본래로 선한 종자가 아뢰야식 속에 있다면 우리들은 어떠한 노력을 하지 않아도 선행만을 하게 되며, 더 이상 노력하려고 하지 않게 될 것입니다. 이렇게 아뢰야식이 선과 악에 모두 통할 수 있는 무기성인 것은 선과 악을 모두 포섭할 수 있으며, 선행과 악행의 원인을 심식의 근원인 아뢰야식의 입장에서 보는 것이 아니라, 현상적인 제6식의 범위에 두는 것을 의미한다고 할 수 있습니다. 이는 인간 심성의 청정성과 수행에 대한 깊은 신념을 주는 배려라고 생각됩니다.

제8식과 인과·윤회의 문제

제8식은 어떤 작용을 위주로 하는가에 대하여 알아보도록 하겠습니다. 제8식은 주로 종자를 저장하는 작용을 하기에 저장하는 심식이라는 의미로 장식(藏識) 또는 아뢰야식이라는 이름을 사용한다고 하였습니다. 종자를 제8식 속에 저장한다고 하는 것은 과거의 행위를 업력의 종자로 저장을 해서 미래의 행위를 결정하는 역할을 위주로 하는 것이 제8식의 중요한 작용입니다.

이 속에는 과거의 행위가 원인으로서 종자가 되고, 그것이 제8식에 저장되었다가 미래의 행위를 낳게 되는 결과로서 작용하는 원리를 발견할 수 있습니다. 과거의 원인은 일정한 인(因)이 되고, 미래의 결과는 과(果)로써의 일을 담당하게 될 것입니다. 이런 점에서 아뢰야식은 특정한 원인을 종자로 저장하게 되고, 저장된 종자에 의해서 결과가 나타나게 되는 인과관계를 이어주는 마음속의 작용을 하고 있다고 생각됩니다.

불교에서 중시하고 있는 인과와 윤회를 설명할 수 있는 원리가 여기에 있습니다. 심식의 작용을 떠나서 인과와 윤회를 논할 수는 없습니다. 그 중심에 제8식이 있습니다. 마음의 중심을 차지하고 있는 것이 아뢰야식이 될 것이고, 아뢰야식 속의 종자를 변화시키는 것을 통하여 현재뿐만 아니라 미래의 과보를 스스로 결정할 수 있다는 불교의 근본정신을 심식으로서 설명할 수 있습니다. 여기에서 우리들은 마음의 변화를 통해서 과거와 미래의 한계를 극복할 수 있는 새로운 희망을 얻을 수 있을 것입니다. 왜냐하면 과거에

164

의해서 나타나고 있는 것이 현재의 결과이며, 현재의 노력에 의해서 미래의 결과가 나타나기 때문입니다. 지금 이 순간의 마음이 미래의 어떤 결과로 나타나는 원인이 될 수 있다고 생각한다면, 현재 내 마음속의 변화를 줄 수 있다면, 미래의 결과 또한 변화가 일어날 수 있게 됩니다. 이런 마음의 수행을 통한 긍정적인 변화를 지속적으로 가능하게 할 수 있는 것도 결국 아뢰야식의 작용에 기인한 것입니다.

이와 같은 아뢰야식을 통한 인과의 이치는 과거의 업력과 현재의 현상에 대한 설명을 할 수 있을 뿐만 아니라, 우리들에게 닥쳐오고 있는 미래에 대한 결과를 설명할 수 있는 원리로 작용합니다. 과거와 현재와 미래를 확대시켜 본다면 불교에서는 윤회라는 의미로 해석될 수 있습니다. 윤회라고 하는 것은 끝없이 개체를 반복해 가는 번뇌성을 지닌 유정들의 삶의 형태를 말합니다. 윤회 속에는 반드시 과거의 생이 있고, 현재의 생이 있고, 미래의 생이 있어야 하며, 그것을 유식에서는 사유(四有)로 설명합니다.

첫째는 생유(生有)입니다. 생유는 새로운 생명이 개체를 받는 순간을 하나의 시점으로 포착해서 표현한 것입니다. 인간의 생유는 정자와 난자의 물질적인 결합을 비롯하여, 이 순간에 전생의 업력을 보존한 아뢰야식이 함께하는 것을 생유라고 합니다. 그리고 한번 태어난 것은 반드시 사라져야 하는 사유(死有)를 맞기 마련입니다. 죽음의 그 순간을 사유라고 합니다. 그리고 사유(死有)와 생유(生有) 사이가 현재 살아가고 있는 본유(本有)이며, 사유(死有) 이후에 새로운 생유(生有)를 받기까지를 중유(中有)라 합니다. 이렇게 해서 생유⇒본유⇒사유⇒중유 그리고 또 다른 생유⇒ · · · 등으로 해서 윤회는 끊임없이 펼쳐집니다.

이 중에서 중요한 것은 사유(死有) 즉 죽음의 순간입니다. 여기에 관하여 유식에서는 자세하게 설명하고 있습니다. 죽음의 순간이란 육체적인 죽음인 전5근의 소멸로부터 시작해서 전5근을 의지처로 하는 전5식이 소멸되고, 이어서 제6식이 소멸되면서 제7식이 자아라고 주장했던 제8식에 대한 집착이 사라지게 되면 비로소 죽음의 순간을 맞게 됩니다. 죽고 난 이후는 자기의 육체와 의식이 모두 사라진 결과가 오게 될 것입니다.

그러나 제8식에서 설명할 수 있는 것은 그동안 육체와 심식의 작용을 지속하며 살아왔던 본유(本有) 동안에 있었던 행위들이 종자로 남아서 마음속 가장 깊은 제8식에 저장되어 있다는 점입니다. 죽음의 순간에는 제8식이 육체와 분리되면서 나로 집착하는 제7식을 비롯한 제8식 속에 저장된 종자만이 남게 되고, 이 제8식의 종자가 육체를 떠나게 되며, 이후에 하나의 업력으로써 자신의 업력에 적합한 또 다른 생명을 찾아서 다음의 세상을 끝없이 추구해가는 중유(中有)의 과정을 밟게 되는 것으로 설명합니다.

사유(四有)를 거치는 아뢰야식의 과정을 통해서 윤회를 설명할 수 있습니다. 태어난 자는 일정한 업력을 유지해서 제8 아뢰야식에 저장하게 되고, 죽는 순간 자기의 육체와 의식을 떠나서 제8 아뢰야식에 저장된 종자가 중유(中有)가 되어, 업력에 따라 새로운 생유를 맞게 되는 끝없는 윤회를 설명할 수 있게 됩니다. 그러므로 유식에서는 인과를 지탱해 가는 마음의 중심으로 아뢰야식이 설명될 수 있고, 윤회를 설명하는 중심에 아뢰야식이 해당됨으로써 아뢰야식의 작용을 통해서 인과와 윤회의 원리를 설명하는 가능성을 얻게 되었습니다. 따라서 제8 아뢰야식은 인과를 설명하고 윤회를 설명할 수 있는 마음속 근본 심식으로 이해될 수 있습니다.

제8식의 특성   업과(業果) · 부단(不斷) · 변삼계(遍三界)

아뢰야식은 다른 심식에 비하여 세 가지 특성을 갖고 있다고 설합니다. 첫 번째는 업과(業果)입니다. 업의 과보를 능히 갖게 한다는 뜻입니다. 제6식과 제7식은 인식의 작용으로 그치지만 아뢰야식은 인식작용을 종자로 환치시켜서 저장함으로써 업에 합당한 결과를 낳을 수 있다는 점에서 인과와 윤회를 설명할 수 있는 유일한 심식이라는 점입니다.

두 번째는 부단(不斷)입니다. 부단이란 끊어짐이 없다는 뜻입니다. 제6식은 다섯 가지 단계에서 끊어지는 5위무심이 있고, 제7식은 세 가지 경우에 단절이 된다고 하였습니다. 그러나 제8식은 유루계에서 단절됨이 없기 때문에 윤회를 설명할 수 있고, 무루계에도 통하기 때문에 깨달음의 문제도 설명할 수 있게 되었습니다.

세 번째는 변삼계(遍三界)입니다. 욕계(欲界)·색계(色界)·무색계(無色界)의 삼계에 두루 하면서 과보에 따라 윤회가 가능하다는 의미입니다. 제6식과 제7식의 한계를 넘는 것으로 어떠한 형태로서의 윤회도 인정될 수 있다는 점을 말합니다. 이런 점에서 업과(業果)와 부단(不斷)과 변삼계(遍三界)의 세 가지는 제8식이 다른 심식에 비하여 더욱 근원적이며, 항상하는 과보의 이숙식으로서 역할이 가능하다는 점을 밝히고 있습니다.

제8식의 대상과 작용

제8식은 구체적으로 과연 어떤 대상에 대하여 작용을 하는가 하는 것을 살펴본다면, 아뢰야식의 인식 대상인 소연(所緣)에 두 가지를 들고 있습니다. 처(處)와 집수(執受)입니다. 먼저 처(處)라는 것은 초기불교 이후 지속적으로 사용된 용어이며, 일반적으로 우리들이 머물고 있는 세상인 기세간(器世間)을 의미합니다. 집수(執受)는 받아 지닌다는 의미입니다. 제8 아뢰야식이 무엇을 잘 받아 지니는가 하면 첫째는 마음 속 깊이 잠재되어 있는 업력의 종자를 잘 받아 지니고, 두 번째 우리들의 몸을 아뢰야식은 잘 받아 지닐 수 있다는 것으로 해석됩니다.

그러므로 아뢰야식은 마음속의 정신적인 업력인 종자를 지님과 동시에 유근신(有根身)인 자신의 신체를 지니는 역할을 하고 있습니다. 따라서 아뢰야식이 작용의 대상으로 하고 있는 것은 우리를 둘러싸고 있는 이 세상이고, 자신의 신체와 그리고 자기 자신의 정신의 근원에 해당되는 내면적인 종자입니다.

제8식은 종자를 받아 지녀서 잃지 않고 집수함으로써 마음으로 인한 모든 행위의 원리를 설명할 수 있고, 유근신인 몸을 지님으로써 유정으로서 생명을 유지할 수 있게 됩니다. 인간의 육체는 여러 기관으로 구성되어 있지만 그 근원에 속하는 생명의 원리 즉 기관들을 연계하고 유기체적으로 상호작용을 이어주는 생명의 근원에 대한 설명이 아뢰야식으로 가능합니다. 그리고 종자와 유근신이 제8식에 집수되고 포섭되어서, 아뢰야식의 종자와 세상의 안위(安危)가 동일하다고 하여, 행복과 불행의 근원적인 원인이 제8식과 함께하고 있음을 말해 줍니다. 이것은 심식과 육체 작용의 근본을 이루고 있는 아뢰야식의 종자에 의해서 세간을 인식하고 받아들이기도 하고, 이를 통하여 자신의 신체를 유지하기도 한다는 점에서, 아뢰야식이 결국 우리들의 행복과 불행을 결정하는 중요한 원인으로 작용하고 있다는 것을 의미합니다.

아뢰야식의 행상(行相)은 인식작용을 구체적으로 어떻게 하는가라는 측면입니다. 아뢰야식은 요별(了別)작용을 하며, 기세간을 대상으로 식별하는 인식작용을 한다고 하였습니다. 흔히 제6식이 요별작용이나 식별작용에서 가장 뛰어나다고 하며, 제8 아뢰야식의 행상은 제6식보다 깊은 차원에서 움직이는 미세하고 은근하게 지속되는 인식작용을 말합니다. 그러므로 아뢰야식의 작용을 종합하면, 과거 업력 종자에 의하여 유정이 자체로 생할 때에, 안으로 변하여 종자와 유근신인 신체를 유지하게 되고, 밖으로는 기세간으로 변하여, 이를 소연의 대상으로 삼아 요별하는 작용을 하는 것을 말합니다. 이것은 아뢰야식이 우리들의 이 세상의 과보를 총체적으로 결정하고, 종자를 지님으로써 모든 심식작용의 원인으로서의 역할을 하는 이숙의 근본식임을 말합니다. 그리고 우리들의 육체 또한 이 식의 집지하는 작용에 의하여 유지되고 있으며, 삶의 행복과 불행을 결정한다는 점에서 현실적인 우리들의 상황을 설명할 수 있는 유일한 심식입니다.

우리들이 살고 있는 기세간으로 아뢰야식이 변한다는 것은 이 세상의 대상들은 정해져 있지 않기 때문에 각자의 아뢰야식의 업력 종자에 의해서 그와 비슷하게 각자의 세상을 먼저 크게 인식하는 것을 말합니다. 우리들이 전5식이나 제6식으로 대상을 인식한다고 하지만, 이미 이들 심식이 인식하기 이전에 아뢰야식이 자신의 업력에 따라서 대상을 먼저 인식한다는 것입니다.

그리고 아뢰야식의 인식작용이 이루어진 이후에 여기에 반연되어 있는 대상을 상분(相分)으로 하여, 이들 전5식과 제6식이 견분(見分)이 되어, 이것을 대상으로 인식작용을 하게 되는 것을 말합니다. 그러므로 우리들의 인식과정은 모두가 아뢰야식에 의하여 일어나는 것임을 알 수 있습니다. 전5식과 제6식 등은 아뢰야식의 인식작용을 확인하는 것에 불과하다는 점입니다. 그리고 전5식과 제6식 등의 이러한 인식작용은 다시 아뢰야식에 종자로 저장되어 또 다른 아뢰야식의 인식작용을 낳게 됩니다. 그러나 이러한 기세간에 대한 아뢰야식의 요별 인식의 작용은 전5식과 제6식의 인식작용 이전에 일어나고, 너무 미세해서 일반인은 잘 알지 못하므로, 알 수 없다는 의미로 불가지(不可知)라 하여, 미세하게 작용하고 있음을 설명하기도 합니다.

이렇게 본다면 우리들이 평소에 인식하고 활동하는 근원에 아뢰야식이 자리 잡고 있다고 말씀드릴 수 있겠습니다. 가까이는 내 몸을 이루고, 과거로부터 현재에 이르기까지 업력을 보존하는 장소로서의 아뢰야식이 있을 수 있으며, 그것을 바탕으로 해서 세상을 인식하고, 결정된 인식에 의해서 행동함으로써 새로운 종자를 양성하기에 이르기까지 심식작용의 모든 것을 총괄적으로 지휘하는 마음의 법왕과 같은 역할을 하는 것이 아뢰야식의 작용입니다.

이런 점에서 아뢰야식은 어떤 심식보다 종합적이고 복합적이며 우리 삶과 밀접한 관계를 유지하고 있습니다. 그러나 안타까운 것은 아뢰야식의 작용은 워낙 미세하고 은근하기에 범부들이 쉽게 알기 어렵다는 사실입니다. 그러나 우리들의 수행의 노력에 의해서 아뢰야식의 업력 종자도 아라한이나 보살 제7지에서는 단절되게 됩니다. 아뢰야식이 단절되면 제7식의 아(我)에 대한 집장이 끊어지고, 무아의 이치를 알게 되고, 윤회의 주체인 아(我)에 대한 집착이 사라짐으로써 해탈을 얻게 됩니다.

전5식 · 제6식 · 제7식 · 제8식의 관계

그렇다면 지금까지 설명한 전5식과 제6식, 제7식과 제8식의 상호간의 관계성은 어떠한가? 이점을 알기 위해서 심식을 종합적으로 정리한다면, 물 위에 나타난 빙산의 일각으로 의식을 설명하고, 물속에 잠긴 거대한 부분을 무의식으로 설명하듯이 우리들의 의식 위로 올라와 있는 부분은 제6식 즉 의식에 해당하는 부분입니다. 물론 이 속에는 전5식까지 포함되어 있습니다. 감각기관인 5근을 통해서 5경인 외부의 대상을 전5식이 인식하게 되고, 이 인식을 받아들여서 제6의식이 종합적으로 판단하게 됩니다.

여기까지는 스스로 알 수 있는 의식적 판단의 위층에 해당하는 내용이라고 볼 수 있고, 잠재되어 있는 제7식이나 제8식은 우리들이 쉽게 알 수 없는 무의식 속에 해당되는 것으로 볼 수 있습니다. 이중에서 제7식은 끊임없이 근본번뇌를 양성해서 자아에 대한 집착을 갖게 합니다. 그리고 제8식은 종자로 변화된 업력을 저장하고 이 업력에 의해서 대상을 인식하도록 돕습니다. 앞에 보이는 대상을 단순히 있는 그대로 인식하는 것이 아니라 업력의 종자에 의해서 앞에 있는 대상을 인식하고 있다고 하겠습니다. 그렇다면 지금 내가 판단하고 있는 일들은 그동안의 업력이나 집착에 의해서 이루어진 것일 뿐 순수한 인식은 될 수 없다는 사실입니다. 그러므로 끊임없는 수행을 통해서 심식을 맑혀서 바르게 대상을 바라보는 지혜를 얻기 위해 노력해야 할 것입니다.

|제9강의|
51심소와 5위 100법

51심소와 5위 100법

평소 우리들의 마음에서 일어나는 자세한 마음의 작용에 해당하는 심소(心所)에 관해 살펴보고자 합니다.

심왕과 심소의 관계

우리들의 마음의 주체가 되는 여덟 가지의 심식을 심왕(心王)이라 하고, 이 여덟 가지 심식에 수반해서 다양하게 일어나는 마음의 요소들을 심소(心所)라고 합니다. 마치 왕과 신하의 관계처럼 큰일은 왕이 해결을 하고 작은 일들은 신하들이 처리한다는 의미로 생각해 볼 수 있습니다. 그러므로 심왕이란 마음의 전체적인 모습인 총상(總相)을 의미하고, 심소란 마음의 자세한 모습인 별상(別相)을 의미합니다. 평소 우리들의 마음속에서 일어나는 다양한 심리적인 변화들을 일반적으로 심소라고 생각할 수 있을 것입니다. 그러나 심왕과 심소는 서로 분리될 수 없는 밀접한 관계성을 지니고 있습니다. 보통 세 가지의 관계를 지닌다고 이야기합니다.

첫 번째는 심왕은 반드시 심소의 바탕이 되어야 하며, 심소도 반드시 심왕을 의지해서 일어나야만 된다고 하는 점입니다. 이것은 결국 우리들의 마음에 의지하지 않고서는 아무리 작고 섬세한 생각이라도 일어날 수 없다고 하는 관계성을 설명하는 내용입니다. 그러므로 현실적으로 우리들에게 일어나는 아무리 작은 마음의 작용이라 할지라도, 그것은 결국 제8식을 비롯한 여덟 가지 식에 의해서 이루어진다고 함을 알 수 있습니다.

두 번째 심왕과 심소는 상응(相應)의 관계에 있습니다. 상응이라고 하는 것은 둘 사이의 밀접한 관계성을 의미하는 용어입니다. 그러므로 심왕과 심소는 반드시 같은 시간에 같은 장소에서 같은 대상을 향해서 같은 일을 하는 것을 우리들은 일반적으로 상응의 관계에 있다고 합니다. 그러므로 심왕과 심소는 어느 곳, 어느 때를 막론하고 불가분의 관계 속에서 작용하는 관계라고 할 수 있습니다.

세 번째는 심소는 심왕을 떠나서는 존재할 수 없다고 하여 심소는 심왕에 묶여 있다는 표현을 씁니다. 여기에서 묶여 있다는 것을 계박(繫縛)이라고 하며, 이는 속박되고 묶인다는 의미입니다. 그러므로 아무리 작은 우리들의 마음의 움직임도 결국은 여덟 가지 마음에 묶여서 일어나는 현상이라고밖에 생각할 수 없습니다.

유식에서는 이런 자세한 마음을 심왕과 구분하여 심소라 하고, 심소 안에 다시 다양한 분류를 하게 되며, 그 분류 속에서 우리들의 미세한 마음의 변화를 자세하게 설명하고 있습니다. 그러므로 오늘은 51가지의 심소를 통하여 자세한 우리들의 마음의 세계에 대해 좀 더 구체적으로 살펴보도록 하겠습니다.

51가지의 심소를 설하지만 이것을 크게는 몇 가지의 범주로 나누어 보기도 합니다. 첫 번째 범주에 해당하는 것이 변행(遍行)이며, 두 번째는 별경(別境), 세 번째는 선(善), 네 번째는 번뇌(煩惱)이며, 다시 번뇌를 근본번뇌와 수번뇌 등과 같이 좀 더 세분하여 분류하고 있으며, 다섯 번째는 선과 번뇌에 속하지 않는 부정(不定)심소로 나누어 설명하고 있습니다.

변행심소

변행은 '두루 작용하다', '모든 것과 함께하다'는 의미입니다. 심왕은 홀로 인식작용을 하는 것이 아니고, 모두 이 변행과 함께 작용한다는 뜻에서 붙인 이름입니다. 여덟 가지의 심왕이 작용하기 시작할 때는 반드시 첫 번째 관문인 변행이라는 과정을 거쳐서 인식이 이루어집니다. 변행 속에는 다섯 가지의 심소가 포함됩니다.

① 촉(觸, sparśa)은 인식 주관과 인식대상이 서로 접촉해서 만나는 순간을 말합니다. 경(境)과 근(根)과 식(識)이 만나는 삼사화합(三事和合)의 순간입니다. 그러므로 어떤 인식주관이든지 대상을 만나서 인식주관과 대상이 처음으로 접촉하는 일이야말로 모든 인식이 일어나는 출발이라고 할 수 있습니다. 이때에 대상이 우리들 앞에 있지만, 접촉의 단계에만 머문다면 더 이상의 인식작용은 일어나지 않습니다. 심식의 인식작용이 일어나려면 다음 단계인 작의가 필요합니다.

② 작의(作意, manaskāra)란 대상에 대하여 뜻을 짓는다는 말이며, 마음을 깨워서 대상인 소연에 마음을 가져가는 것을 말하며, 촉(觸)에 이어서 인식의 다음 단계로 넘어가는 대상에 대한 지향성을 의미하는 내용입니다. 뜻을 짓는다는 것은 어떤 대상이 접촉되었을 때, 그 대상에 대해서 주의를 기울이고 관심을 갖는 심리작용을 말합니다. 촉은 항상 우리들에게 일어나고 있지만, 주의를 기울이지 않으면 그 대상을 인식할 수 없는 경우가 있기 때문에 모든 촉이 이루어진다고 해서 인식을 할 수 있는 것은 아닙니다.

우리 주의에 많은 대상이 있지만 실제로 우리가 관심을 가지기 시작하는 대상에 대한 작의를 지음으로써 대상에 대한 우리들의 인식이 시작되기 때문입니다. 그러므로 어떤 것을 접촉하느냐 또는 대상에 접촉을 하지만 그것에 주의를 기울이느냐, 또는 얼마나 주의를 기울이느냐에 따라서 대상을 어떻게 인식하느냐 하는 것이 결정되기 때문에 인식작용을 시작함에 있어서 중요한 것이 촉과 작의의 단계입니다.

③ 수(受, vedanā)는 촉과 작의의 과정을 거친 다음에 대상을 심적인 형상으로서 자기 자신의 마음속에 받아들이게 되는 과정에 해당됩니다. 수(受)에는 삼수(三受)가 있으며, 대상을 괴롭게 받아들이느냐(苦受), 즐겁게 받아들이느냐(樂受), 아니면 괴롭지도 즐겁지도 않은 것(捨受)으로 받아들이느냐 하는 것을 결정하는 것을 말합니다. 이것은 대상에 대하여 인식을 결정하기 이전 단계에 이미 괴롭고 즐거움을 먼저 인식한다는 점에서 수(受)의 작용이 예상보다 빨리 일어나는 것을 의미합니다.

우리들이 대상을 인식할 때에 대상을 완전하게 파악한 이후에 고(苦)와 락(樂)을 정하는 것이 아니라, 지금까지의 경험에 의해서 일방적으로 고와 락을 결정해 버린다는 뜻입니다. 대상에 대한 괴로움과 즐거움도 결국 대상에 의해서 주어지는 것이 아니라 우리들의 마음속에서 먼저 결정한다는 것입니다.

④ 상(想, saṃjñā)은 수(受)의 단계 이후에 그 대상에 대한 표상작용, 즉 대상에 대하여 자기 스스로 마음에서 일으키는 분별작용을 통하여 명언(名言) 등으로 대상을 취하게 되는 것을 말합니다. 이것은 이미 대상의 모습을 떠나 있으며, 대상과 비슷한 모습을 상대로 하여 마음속에서 지속적인 별도의 인식작용이 일어나는 것을 말합니다.

⑤ 사(思, cetanā)는 결정적으로 그 대상에 대해서 뚜렷하게 선 또는 악, 좋은 일 혹은 나쁜 일 등으로 의사를 결정하는 것을 말합니다. 이로부터 대상에 대한 분명한 인식이 완성되었기 때문에 다음의 행위를 통하여 업을 짓게 되기에 원인으로서의 역할을 하게 됩니다.

그러므로 우리 마음속에 내재되어 있는 여덟 가지의 심왕은 대상을 접촉하고(觸), 주의를 기울이고(作意), 고와 락으로 받아들이고(受), 생각으로 떠올리며(想), 의사를 결정하는(思) 다섯 가지의 과정을 반드시 필요로 한다는 의미에서 변행이라 합니다.

별경심소

두 번째는 별경(別境)심소입니다. 별(別)은 변행의 변(遍)에 상대되는 말입니다. 별(別)은 선별적이고 선택적인 과정이라고 생각할 수 있습니다. 그러므로 인식의 두 번째 단계에서는 변행의 심소와는 다르게 선택의 여지가 있게 된다고 볼 수 있습니다.

① 욕(欲, chanda)은 의욕, 욕망 등의 의미를 지닙니다. 아직 인식이 되지 않은 대상에 대하여 인식하려고 희망하여, 이를 위하여 노력하게 되는 것을 말합니다. 좋은 일을 얻고자 하고, 싫은 일을 멀리하려고 하는 등의 작용입니다. 물론 욕망 안에도 좋은 욕망과 좋지 못한 욕망, 즉 선욕(善欲)과 악욕(惡欲) 등으로 구분하고 있습니다. 인간의 의지적인 욕망은 좋은 쪽이나 나쁜 쪽 어느 쪽으로도 작용할 수 있습니다. 그러므로 이 별경 속에서 욕이 나타난다고 하는 것은 인식 과정의 변행 다음에 선욕과 악욕으로 나뉘어져 인식을 하게 되는 것을 의미합니다. 이렇게 반드시 한 가지로만 국한되지 않는다는 점에서 별경이라 합니다.

② 승해(勝解, adhimokṣa)는 대상에 대하여 뚜렷한 견해를 가지려고 하는 의지적 작용이 일어나는 경우를 말합니다. 승

해가 없다면 대상에 대하여 결정상을 지니지 못하고 유예(猶豫)하여 대상을 분명하게 인식할 수 없기 때문입니다. 대상에 대하여 뚜렷하게 인식하는 경우도 있지만 그렇지 못한 경우도 있기 때문에 별경에 속합니다.

③ 염(念, smṛti)은 인식된 대상에 대해서 잘 잊지 않고, 깊이 잘 간직하는 것을 말합니다. 이것은 마음이 집중된 상태를 말하는 정(定)을 유발하는 전 단계가 되는 것이며, 일찍이 인식하지 못한 것은 잘 지닐 수 없기 때문에 항상 염(念)이 있는 것이 아니기에 별경에 해당합니다.

④ 정(定, samādhi)은 대상에 대해 항상 고요한 마음으로 집중함으로써 산란하지 않는 것을 말합니다. 앞으로 지혜를 일으킬 수 있는 작용을 하게 됩니다. 왜냐하면 마음을 집중하여 안정이 되면, 번뇌가 사라지기 때문에 지혜를 얻게 됩니다. 정(定)을 지속하지 못하는 경우도 있기 때문에 별경에 해당합니다.

⑤ 혜(慧, prajñā)는 지혜를 말하며 대상을 잘 간택하여 취사선택하고, 의심을 끊기 때문입니다. 그러나 우매한 마음에는 지혜가 없기에 별경에 속합니다.

이러한 다섯 가지는 반드시 거치는 인식과정이 아니기에 변행과는 달리 별경에 해당됩니다. 욕·승해·염·정·혜의 다섯 가지는 어느 쪽을 선택하느냐에 의하여, 작용할 수 있는 가능성이 있는 심소이기 때문에 좀 더 세부적인 심소의 작용입니다. 그러나 변행과 별경 속에는 아직 뚜렷한 선이나 악의 의지가 나타나는 것은 아니고, 보편적인 인식이 일어나는 과정을 순차적으로 설명하는 것에 해당된다고 할 수 있습니다.

선심소

변행과 별경을 지나 세 번째 단계가 되면 선과 악을 결정하는 좀 더 분명하고 세부적인 선택이 일어날 수밖에 없는 상태에 놓이게 됩니다. 이런 입장에서 선(善)으로 결정될 수 있는 심소는 11가지입니다. 선(善) 심소에서 가장 먼저 들고 있는 것은 신(信), 곧 믿음의 작용입니다.

① 신(信, śraddhā) 즉 믿음이라고 하는 것은 인과의 이치를 믿고, 부처님의 교설을 믿으며, 자신이 성불할 수 있다는 자신을 갖고, 뚜렷하게 수행의 길로 나아가는 밑받침이 되는 생각을 말합니다. 제법의 진리가 있음을 실답게 알고, 삼보

에게 청정한 덕(德)이 있음을 알고, 세간과 출세간의 선(善)에 대하여 깊은 믿음을 가지고 이룰 수 있다고 깊이 믿는 것입니다. 믿음이 없이는 한 걸음도 앞으로 내디딜 수 없다는 점에서 선(善) 중에서도 가장 중요한 것으로 여깁니다.

② 참(慚, hrī)은 자신의 부족함에 대하여 부끄럽다는 뜻입니다. 자기 스스로 내면의 부족함을 알고, 현자들의 가르침을 존중하고, 더욱 내면에 충실하려고 하며, 미래에 성불을 위해서 꾸준하게 노력하겠다는 의지를 참이라고 합니다.

③ 괴(愧, apatrāpya)는 자신의 악업에 대하여 부끄럽다는 뜻입니다. 자기가 살고 있는 이 세상에서 저지른 잘못한 것을 뉘우치고, 더 이상 잘못을 저지르지 않으려고 하는 부끄러운 마음이라는 점에서 참(慚)과 비교됩니다.

④ 무탐(無貪, alobha)이란 인과의 이치를 알아서 주어진 대상에 대하여 지나친 탐심을 일으키지 않는 것을 말하며, 만족을 알아서 베푸는 선을 행하게 합니다.

⑤ 무진(無瞋, adveṣa)이란 대상에 집착하지 않아서 대상으로부터 주어지는 내용에 대하여 성내는 마음을 갖지 않는 것을 말하며, 상대를 미워하는 마음을 일으키지 않으며, 남

을 이해하는 마음을 갖게 합니다.

⑥ 무치(無癡, amoha)란 모든 이치를 밝게 알아서 착한 업을
짓게 되는 것을 말하며, 잘못된 사실이나 가르침에 빠지지
않으며, 진리를 향하여 굳건하게 나아가게 합니다. 근원적인
우리들의 마음속의 근본번뇌에 해당하는 삼불선근(三不善根)
인 탐·진·치가 없는 상태인 무탐(無貪)·무진(無瞋)·무치(無
癡)를 선에 포함시키며 이를 삼선근(三善根)이라 합니다.

⑦ 근(勤, vīrya)은 성실하게 모든 일에 임하는 정진을 말하
며, 근면하게 노력하는 것을 말합니다. 착한 일은 열심히 닦
고, 나쁜 일은 반드시 끊는 용감하고 굳센 마음을 말합니다.

⑧ 경안(輕安, praśrabdhi)은 마음이 가볍고 편안해서 무겁고
번뇌스럽지 않는 상태를 말하며, 정(定)을 방해하는 혼침을
대치하여, 마음이 편안하고 안적(安寂)한 상태를 말합니다.

⑨ 불방일(不放逸, apramāda)은 무탐(無貪)·무진(無瞋)·무치(無
癡)의 삼선근(三善根)을 얻기 위하여 게으르지 않고, 끊을 것
은 끊고, 닦을 것은 닦아서, 세간과 출세간의 착한 일을 이
루게 하는 것을 말합니다.

⑩ 행사(行捨, upekṣā)는 사(捨)를 행하는 것을 말하며, 사(捨)는 들뜬 상태가 아닌 고요하게 정리된 마음 상태를 의미합니다. 그러므로 행사란 마음이 항상 정리되어서 맑고 깨끗한 상태를 의미하며, 3선근을 증장하기 위하여 마음이 평등하고 정직하며, 고요하게 머무는 상태입니다. 행사로서 들뜬 마음상태인 도거(悼擧)를 대치합니다.

⑪ 불해(不害, avihiṃsā)는 유정들에게 정신적으로나 물질적으로 피해를 주지 않는 것을 말하며, 성내지 않는 무진의 성품에 해당합니다. 유정들에게 자비와 애민하는 마음을 일으켜 자애로써 섭수하는 마음입니다.

이와 같은 11가지의 선 심소는 탐 · 진 · 치를 버리고, 성실하게 불도의 길을 나아가기 위해서 꾸준히 자신의 마음을 살펴서, 마음을 고요하고 깨끗하게 하며, 유정들에게 자비의 마음을 갖게 하는 것을 대체적으로 포함시키고 있음을 알 수 있습니다. 이런 점에서 불교에서 선심소(善心所)는 세속적인 선(善)에 머물지 않고, 궁극적인 불도를 향하게 한다는 자신의 내적인 변화를 위한 것이라는 점에서 차이를 보입니다.

번뇌심소

변행과 별경을 지나 세 번째 단계에서 선(善)이 아닌 악(惡)으로 향하게 하는 심소 작용을 번뇌심소라고 하여 26가지로 설명합니다. 번뇌는 악(惡)은 아니지만 세속적인 악(惡)을 부추기는 것이기에 선(善)과 대비하여 설명하고 있습니다. 번뇌는 크게 나누어서 근본번뇌(根本煩惱)와 수번뇌(隨煩惱)로 나누며, 또 수번뇌를 소수혹(小隨惑)·중수혹(中隨惑)·대수혹(大隨惑) 등으로 좀 더 세분하여 나타내기도 합니다.

1) 근본번뇌 심소

번뇌 중에는 큰 번뇌가 있고 부수적으로 따라 가는 작은 번뇌가 있습니다. 큰 번뇌를 근본번뇌라고 하는데, 근본번뇌에는 여섯 가지를 들고 있습니다. 여기에서 보다 근원적인 것은 탐·진·치 삼독(三毒)입니다.

① 탐(貪, rāga)은 인과의 이치를 모르고 얻는 것에 대하여 물든 집착을 일으켜서 무탐을 방해하고 괴로움을 생하게 하는 것을 말합니다.

② 진(瞋, pratigha)은 주어지는 여건에 대하여 분노의 마음을 일으켜 무진을 방해하며, 마음이 편안하지 못하고 악행을 저지르게 하는 작용을 합니다.

③ 치(癡, moha)는 제법이나 일에 대하여 어두워서 밝게 알지 못하고, 무치를 방해하며, 일체의 잘못된 잡염의 마음을 일으키게 합니다.

④ 만(慢, māna)은 무아인 사실을 모르고, 자기 자신을 거만하고 오만하게 생각해서 자기만족으로 대신하는 경우입니다. 결국 자만심으로 불도를 믿지 못하고, 진실하고 참된 일을 의심하는 작용이 일어나게 됩니다.

⑤ 의(疑, vicikitsā)는 의심하는 마음을 말합니다. 제법이나 일의 올바른 이치를 듣고도 확신하지 못하고, 항상 유예(猶豫)하여 착한 일로 나아가지 못하게 방해하는 것입니다.

⑥ 악견(惡見, dṛṣṭi)은 제법이나 일의 올바른 이치에 전도(顚倒)되어, 항상 잘못된 견해를 일으키게 되며, 올바른 견해를 방해하고 괴로움을 일으키게 되는 것을 말합니다.

이와 같은 근본번뇌는 옳지 못한 자기 자신에 대한 신체와 정신적 집착에 빠져서 제법과 일에 대하여 바르게 인식하지 못하는 근원적인 부작용을 야기할 수 있습니다. 이런 점에서 탐·진·치·만·의·악견의 여섯 가지는 또 다른 부수적인 번뇌를 일으킬 수 있는 근본번뇌인 것입니다.

2) 수번뇌(隨煩惱) 심소

여섯 가지 근본번뇌에 의해서 일어나는 같은 성질의 부수적인 번뇌들을 수번뇌라고 합니다. 근본번뇌에 따라서 이차적으로 일어난다는 의미로 수번뇌라는 용어를 쓰며, 수번뇌에는 20가지가 있고 그 중에서 분(忿) 등 의 10가지는 번뇌심소가 각기 일어난다는 점에서, 또 그 작용이 미세하다는 점에서 소수혹(小隨惑)이라 하고, 무참(無慚)과 무괴(無愧)의 두 가지는 불선(不善)에 속하고, 항상 악(惡)과 관련되기에 중수혹(中隨惑)이라 하고, 도거(悼擧) 등 8가지는 마음 자체가 물든 마음이기에 더욱 번뇌의 작용이 크다는 점에서 대수혹(大隨惑)이라 합니다.

○ 소수혹

① 분(忿, krodha)은 눈앞의 일들이 자신에게 유리하지 않을 때 분한 마음을 일으키는 것으로, 몽둥이를 잡는 것과 같은 악한 행동을 하게 되는 결과를 가져올 수 있으며, 진심(瞋心)의 일종입니다. 대체로 분(忿)은 타인에 의해서 유발된다고 하지만, 자세히 보면 자기 자신의 이익을 위해서 일을 추진하지만, 자기 뜻대로 되지 않았을 때, 분함을 느끼고, 억울함과 슬픔을 느끼는 마음의 작용이기 때문에 원인은 자신에

게 있는 경우가 더욱 많습니다. 왜냐하면 모두에게 정당한 일을 향해 열심히 노력하는 자에게는 그럴 대상이 없기 때문에 분(忿)은 일어나지 않을 것입니다. 그러므로 분(忿)은 자신의 이익을 위해 노력했지만, 그것이 이루어지지 않았을 때 느끼는 허탈감과 참괴감에 가까운 감정입니다.

② 한(恨, upanāha)은 분(忿)의 연속 작용입니다. 분(忿)이 계속 마음속에 축적되어서 나쁜 마음을 품고, 그것을 끊지 못하고 오랫동안 잠재되어 마음속 깊은 곳에서 사라지지 않고, 오히려 깊은 곳에 분(忿)을 간직하는 심리상태를 말합니다. 이렇게 되면서 상대에 대한 원망이 안으로 쌓이면서 자신의 마음속을 어지럽게 하고, 고뇌하게 되며, 한(恨)을 맺은 사람은 풀지 못하고, 감당하지 못하여서 정신적으로 어려운 상태가 됩니다.

③ 부(覆, mrakṣa)는 덮는다는 뜻이며, 덮어서 위장한다는 의미입니다. 자기 자신의 잘못이 겉으로 드러나서 자신의 명예나 이익에 손상이 있을 것이 두려워서 그것에 대해서 두려워하고, 그것을 솔직히 밝히지 못하고, 자기 스스로 저지른 잘못된 것을 마음속에 감추어 두는 좋지 못한 마음가짐을 이야기합니다. 이것은 결국 자신의 잘못에 대한 후회와 함께 마음의 안정을 잃고 불안해지기 마련입니다.

④ 뇌(惱, pradāśa)는 먼저 품은 분(忿)과 한(恨) 등으로 마음이 어지럽고 시끄러워져서 천박하고 비루한 언어를 사용하게 되는 상태입니다. 진심(瞋心)의 일종이며, 번거롭게 마음을 흔들리게 해서 마음에서 일어나는 괴로움을 스스로 짓게 되는 심리적인 작용을 말합니다.

⑤ 질(嫉, īrṣyā)은 시기하고 질투하는 것에 해당합니다. 자신의 명예와 이익을 자랑하고 타인의 좋은 점을 미워하고 싫어하고 시기하는 질투심을 말합니다. 항상 우울하고 근심이 많게 되며, 불안정한 마음상태가 되며, 진심(瞋心)의 일종입니다.

⑥ 간(慳, mātsarya)은 재물에 집착하여 지혜롭게 활용하지 못하는 인색함을 말합니다. 남에게 베풀지 못하고 자신의 이익에 옹졸하게 몰두하여, 비루하게 재산을 모으려고 하고 집착을 버리지 못하게 되며, 탐심의 일종입니다.

⑦ 광(誑, māyā)은 자신의 이익과 명예를 위하여 덕망이 있는 것처럼 위장하거나 남을 속이고 이간질하는 것을 말합니다. 이 심소의 작용은 나쁜 직업이나 일을 하게 만듭니다.

⑧ 첨(諂, śāṭhya)은 타인을 끌어드리기 위하여 남에게 아첨하고 비굴하게 자신을 낮추어서 자신의 이익을 구하려고 하

는 잘못된 마음을 이야기합니다. 자신을 곡해하여 아첨하게 되고 바른 가르침을 받아들이지 못하게 됩니다.

⑨ 해(害, vihiṃsā)는 불해(不害)의 반대입니다. 유정들에 대하여 자비심이 없이 손해와 괴롭힘을 미치는 것으로 함부로 생명을 해치고 남을 핍박하기를 좋아하며, 진심(瞋心)의 일종입니다.

⑩ 교(憍, mada)는 교만하고 방자한 것을 말합니다. 자신이 잘한 일에 대하여 탐착하여 방자해지며, 남을 배려하지 않는 것으로 탐심(貪心)의 일종에 속합니다.

이들 열 가지의 번뇌심소는 별도로 일어납니다. 그리고 대부분 세속의 대상들에 대한 번뇌에 속하며, 그 작용성이 겉으로 드러나지 않는다는 점에서 미세한 작용을 합니다. 그리고 대부분 근본번뇌에 의해서 일어나는 부수적인 번뇌에 속하기에 그 영향이 적다고 해서 소수혹이라 합니다.

○ 중수혹

① 무참(無慚, āhrīkya)은 부끄러움을 모른다는 뜻이며, 자기 스스로 지은 내면적인 부족함을 모르고, 현자들의 가르침을 존중하지 않고, 미래에 성불을 위해서 노력하겠다는 의지가 없는 것을 말합니다.

② 무괴(無愧, anapatrāpya)도 부끄러움을 모른다는 뜻이지만, 이 세상에서 저지른 외면적인 잘못을 뉘우치지 않고, 잘못을 저지르지 않으려고 하는 부끄러운 마음이 없다는 점에서, 악행을 지속하게 되는 결과를 가져오게 됩니다.

무참과 무괴는 반드시 악한 행위를 낳게 됩니다. 왜냐하면 무참은 내적인 진리를 추구하지 않게 되는 원인이 되며, 무괴는 외적인 세속의 악행을 지속하게 되기 때문입니다. 세속의 악행뿐만이 아니라 진리를 추구하지 않는 것도 결국은 악행을 낳게 되는 원인이 되기 때문입니다. 이 점에서 소수혹보다 적극적으로 악과 관련이 있어서 번뇌가 크다는 점에서 중수혹이라 합니다.

○ **대수혹**

① 도거(悼擧, auddhatya)는 들뜬 마음의 상태를 말합니다. 심왕으로 하여금 적정하지 않게 하여, 대상을 옮겨 다니며 산만한 인식을 하게 합니다. 치우침이 없는 마음이나 마음의 움직임이 그친 상태인 사마타(止)를 방해합니다.

② 혼침(昏沈, styāna)은 도거(悼擧)의 반대 의미입니다. 대상에 대하여 인식하려는 의지가 없고, 아무것도 분명하게 인식하지 못하게 합니다. 마음이 가볍고 안정되는 경안(輕安)과

194

대상을 분명하게 인식하는 위파사나(觀)를 방해하게 됩니다. 더 이상 무엇을 하려고 하지 않는 의욕을 잃어버린 침체된 상태를 말합니다.

③ 불신(不信, āśraddhya)은 선(善)의 심소 중에 신(信) 심소의 반대를 말합니다. 참다운 일들에 대하여 믿지 못하고 의심하여서 심왕을 더럽히게 되고, 선행이나 진리를 향하여 나아가게 하는 것을 방해합니다.

④ 해태(懈怠, kausīdya)는 착한 일을 닦고, 악한 일을 끊는 것에 게으르고 태만해서 이루고자 하는 일을 이룰 수 없는 그런 잘못된 상태이며, 정진하는 것을 방해하여 잡염법을 증장시키고 선법을 퇴전시키게 하는 것을 말합니다.

⑤ 방일(放逸, pramāda)은 잡염법을 방지하거나 선법을 닦을 수 없는 방탕한 상태이며, 악을 증장하고 선법을 닦지 못하게 방해하며, 또한 자신의 할 일을 제쳐두고 다른 곳에 열중하는 게으른 심소를 말합니다.

⑥ 실념(失念, muṣitasmṛti)은 인식대상에 대해 분명하게 기억할 수 없는 상태이며, 바른 기억을 장애하여 산란의 의지처가 되며, 인식했던 기억들을 자주 잊어버리고, 그것을 새기지 못하여서 올바른 일을 추구하지 못하는 것을 말합니다.

⑦ 산란(散亂, vikṣepa)은 인식대상에 대하여 심왕을 방탕하게 흐르게 하는 것을 말하며, 집중의 심소를 방해하여 집중하지 못하는 어리석은 마음의 상태를 갖게 하여, 항상 모든 것을 잘못 인식하는 악혜(惡慧)를 낳게 합니다.

⑧ 부정지(不正知, asaṃprajanya)는 관찰하는 대상에 대하여 그릇되게 인식하는 것을 체성으로 삼고, 바르게 아는 것을 장애하여 계율 등을 범하게 되는 경우가 많습니다. 바르게 알지 못하면 과오를 범하기 쉽기 때문입니다.

이들 여덟 가지의 심소는 모두가 번뇌에 물든 상태에 해당합니다. 청정성이 아니고 수행 정진을 방해하여 성도로 나아가는 것을 막게 되는 결과를 가져 오기에 그 번뇌성이 크다고 하여 대수혹이라 합니다.

부정심소   선과 번뇌에 속하지 않는 심소

부정(不定)심소는 선과 번뇌 등으로 심소의 성질이 결정되지 않는 4가지 심소를 말합니다.

① 회(悔, kaukṛtya)는 후회를 말하며, 지은 업을 미워하고 후회하는 것을 말합니다. 지은 업을 반성한다는 점에서는 좋은 의미도 있을 수 있지만, 그러나 지은 업은 이미 지나간

일이기 때문에 너무 여기에 집착하게 되면 마음의 적정을 방해하게 되며, 또 이전에 하지 못한 것을 후회하는 것도 이미 시간이 지난 일이기 때문에 지나치게 후회하는 것도 마음의 안정을 해칠 뿐입니다. 그래서 선과 번뇌에 속하지 않기 때문에 부정심소라 합니다.

② 면(眠, middha)은 수면(睡眠)을 말합니다. 수면에 들게 되면 관찰하는 대상에 대하여 어두워서 정확하게 대상을 인식하지 못하게 합니다. 그렇지만 선이나 번뇌를 초래하는 것과 같은 작용이 없기 때문에 부정심소에 속합니다.

③ 심(尋, vitarka)은 찾아 구하는 심구(尋求)를 말합니다. 심왕으로 하여금 대상에 대하여 두드러지게 전전하는 것을 체성으로 하며, 여기에는 잡염과 청정의 뜻이 있어서 정할 수 없기에 부정심소라 합니다.

④ 사(伺, vicāra)는 보면서 살피는 사찰(伺察)을 말합니다. 심왕으로 하여금 대상에 대하여 미세하게 전전하는 것을 체성으로 하며, 여기에는 잡염과 청정의 뜻이 있기에 정할 수 없어서 부정심소라 합니다.

이를 정리하면 변행심소에 5가지, 별경심소에 5가지, 선심소에 11가지가 있으며, 번뇌심소에는 근본번뇌 6가지, 수번뇌에 20가지(소수혹 10가지, 중수혹 2가지, 대수혹 8가지)가 있고, 부정(不定)심소에 4가지가 있어서, 합하면 전체 심소는 모두 51가지가 됩니다. 이렇게 해서 우리들 마음속에 8가지의 심왕은 홀로 인식작용을 하는 것이 아니고, 심소를 동반하여 순차적인 방법을 통해 계획적으로 인식작용을 하고 있음을 살펴보았습니다.

다시 정리하면 심왕들은 첫 번째 변행이라는 촉·작의·수·상·사를 거치면서, 자신의 의사를 결정해 가는 세부적인 인식구조를 지니고 있습니다. 두 번째 별경은 과연 어느 쪽으로 어느 방향으로 어떻게 인식할 것인가를 결정해 감에 있어서 다섯 가지의 선택적인 과정을 설명하고 있으며, 이 중에서 몇 가지를 선택하는가에 따라 세부적인 인식작용이 이루어집니다. 세 번째 단계에서는 선인가 번뇌인가라는 두 가지 갈림 길을 두고 보다 세부적으로 우리들의 마음이 움직이는 것을 관찰하고 있습니다. 이 중에 선에 대해서는 11가지로, 번뇌에 대해서는 26가지로 분류해서 자세하게 인간의 심리적 상태를 설명하였습니다.

심왕과 심소의 상응관계

심왕은 8가지의 심식인 전5식과 제6식과 제7식과 제8식을 말하고, 심소는 앞에서 살펴본 변행·별경·선·번뇌·부정심소 등의 51가지의 심리작용을 말합니다. 심왕의 체성에 따라서 심소의 작용이 각기 다르게 일어나기 때문에 각 심식에 따라서 작용하는 심소의 차이에 대해서 알아둘 필요가 있습니다.

① 전5식은 변행심소(5)와 별경심소(5)와 선심소(11)와 탐·진·치 등 근본번뇌 심소(3)와 대수혹(8)과 중수혹(2) 등 34종의 심소와 상응합니다. 이것은 전5식의 작용을 잘 설명해 주는 것으로, 모든 심식에 적용되는 변행은 반드시 포함되며, 별경 다섯 가지 중에서 필요한 심소와 상응하게 될 것입니다. 또 선심소와 대수혹과 중수혹 등의 번뇌심소에도 상응하는 것을 보면, 선과 악을 인식할 수 있는 것으로 보입니다. 그러나 그 작용성이 미세하여 뚜렷하게 구분할 수 있는 정도는 되지 못합니다. 그리고 번뇌심소 중에서 소수번뇌(10)가 빠져 있다는 점에서 정신적인 고뇌상태 등의 인식은 불가능한 것으로 보입니다.

② 제6식은 변행심소(5)와 별경심소(5)와 선심소(11)와 번뇌심소(26)와 부정심소(4) 등의 51심소 모두와 상응합니다. 이것은 선과 번뇌를 비롯한 모든 심소와 제6식이 상응함으로써, 심식 중에서 가장 포괄적이고 대상의 범위가 넓다는 것을 의미합니다. 특히 세부적인 인식작용인 심소와 모두 상응한다는 것은 일상적인 우리들의 모든 인식 작용은 거의 제6식에 의하여 일어나고 있음을 알 수 있습니다.

③ 제7식은 변행심소(5)와 별경심소 중 혜(慧)심소 1가지와 근본번뇌인 아치·아견·아만·아애의 4번뇌와 대수혹(8)과 상응합니다. 이것은 제7식은 특히 근본번뇌와 대수혹을 상대로 하여, 근원적인 번뇌를 일으키는 것을 위주로 인식작용을 하고 있음을 알 수 있으며, 그렇기 때문에 별경심소 중의 혜(慧)심소 역시 악혜(惡慧)에 속한 것이며, 번뇌성의 일종입니다.

④ 제8식은 변행심소(5)만을 대상으로 하여 상응합니다. 이것은 제8식이 근본식으로 모든 심식의 작용이 일어나도록 돕는 성질을 지니기 때문에, 모든 심식작용에 필요한 변행심소만을 상응하게 되는 것입니다. 나머지 심소들은 세부적인 인식작용을 하는 것이기 때문에, 제8식이 담당하는 영역이

아니고, 주로 다른 심식들이 그것을 상응관계의 대상으로 하고 있습니다.

심왕과 심소의 관계성을 정리해 보면, 먼저 제8식은 변행만을 상대로 하여 모든 심식의 작용이 일어나게 하는 근원적인 작용을 하는 것이고, 제7식은 주로 번뇌심소와 상응하여 번뇌를 일으키는 작용을 합니다. 그리고 제6식은 모든 심소와 상응함으로써 현실적인 모든 인식을 담당하며, 전5식은 주로 대상에 대한 감각인식을 위주로 하고 있음을 알 수 있습니다.

색법 물질세계의 구성

색법(色法)이란 물질을 의미하며, 여기에는 5근(五根)과 5경(五境)과 법처색(法處色)을 포함하여 11가지가 있습니다. 5근과 5근은 이미 설명하였고, 법처색이란 용어는 의근(意根)으로 인식할 수 있는 대상이 되는 법경(法境) 중에서 정신적인 요소를 제외한 물질적인 요소를 법처색이라 합니다. 즉 5근과 5경과 법경에 속하는 물질의 11가지가 세상의 물질 즉 색법이라고 설명하고 있습니다. 유식의 중심 문제가 51심소에 있기 때문에 여기에서는 자세한 설명은 생략합니다.

불상응행법 심법·색법과 상응하지 않는 법

　불상응행법(不相應行法)은 마음이나 물질과 관계해서 일어나지 않는 독자적인 것을 불상응행법이라고 합니다. 마음과 물질과 관계없이 일어나는 인식작용들을 설명하기 위한 것입니다. 물질도 아니고 정신도 아니며 심왕과 상응하는 심소도 아닌 것으로, 유정의 생명을 유지하는 명근(命根) 등을 말하는데, 이것은 실제로 있는 것은 아니며, 가립(假立)되어 있는 것입니다.

　이 중에는 명근(命根)·무상정(無想定)·멸진정(滅盡定)·무상사(無想事)·이생위(異生位) 등의 5가지는 심왕과 심소의 분위로 가립(假立)된 것이고, 명신(命身)·구신(句身)·문신(文身)·방(方) 등의 4가지는 색법의 분위에 가립(假立)된 것이며, 나머지 15가지는 심법·심소법·색법의 분위에 의해서 가립된 것으로 모두 24가지 법을 설하고 있습니다. 여기에서도 유식은 인식이 분명한 대상을 위주로 하기에 자세한 설명은 생략합니다.

무위법 깨달음의 세계

지금까지 심왕·심소·번뇌, 색법의 네 가지가 유루법(有漏法)에 속한다면 다섯 번째는 무루법(無漏法)입니다. 무루법은 조작되거나 만들어지는 것이 아니라 상주(常住) 불변(不變)하는 것을 말합니다. 현상계가 소의(所依)로 하는 바탕이 되는 진리의 세계입니다. 유위에는 차별이 있지만 무위에는 차별이 없기에 평등이라고 합니다.

무위법에는 허공(虛空)·택멸(擇滅)·비택멸(非擇滅)·부동(不動)·상수멸(想受滅)·진여(眞如)의 6가지를 설합니다. 번뇌장과 소지장의 장애가 없는 것을 허공(虛空), 성현의 지혜에 의하여 번뇌를 선택하여 모두 멸하였기에 택멸(擇滅), 본래 청정한 성품은 있는 그대로 선택하여 없애는 것이 아니기 때문에 비택멸(非擇滅), 일체의 고락을 받아들이는 활동인 수(受)의 작용을 멸하였기 때문에 부동(不動), 상(想)과 수(受)의 작용이 멸하였기 때문에 상수멸(想受滅)이라 합니다. 이 다섯 가지도 모두 진여에 의해서 가립된 것이기에 그 근원이 되는 무위법을 진여(眞如)라고 합니다.

이처럼 유식에서는 삼라만상 모든 것을 심왕을 위주로 하는 5위 100법의 분류법으로 설명하고 있습니다.

5위는 심왕·심소·색법·불상응행법·무위법을 가리키

며, 100법은 심왕에 8가지, 심소에 51가지, 색법에 11가지, 불상응행법에 24가지, 무위법에 6가지를 합한 것입니다.

유식학의 5위 100법 분류표

心王(8)		眼識・耳識・鼻識・舌識・身識・意識・末那識・阿賴耶識
心所(51)	遍 行	觸・作意・受・想・思
	別 境	欲・勝解・念・定・慧
	善	信・慙・愧・無貪・無瞋・無癡・勤・輕安不放逸・行捨・不害
	煩 惱	貪・瞋・癡・慢・疑・惡見
	隨煩惱	忿・恨・覆・惱・嫉・慳・誑・諂・害・憍・無慙・無愧・悼擧・惛沈・不信・解怠・放逸・失念・散亂・不正知
	不 定	悔・眠・尋・伺
色(11)		眼根・耳根・鼻根・舌根・身根・色境・聲境・香境・味境・觸境・法處所攝色
不相應(24)		得・明根・衆同分・異生性・無想定・滅盡定・無想事・名身・句身・文身・生・老・住・無常・流轉・定異・相應・勢速・次第・方・時・數・和合・不和合
無爲(6)		虛空無爲・擇滅無爲・非擇滅無爲・不動無爲・想受滅無爲・眞如無爲

| 제10강의 |

삼성과 수행 오위

삼성(三性)과 수행 오위(五位)

: 유가수행의 가능성과 단계

앞에서 우리들은 유식학이 성립되는 배경에서부터 마음의 구조와 작용, 그리고 5위 100법을 통하여 심왕과 심소와 불상응행법과 무위법 등에 이르기까지 마음의 작용들에 대해서 살펴보았습니다. 그러나 유가를 수행하는 사람들에게 이러한 이론들은 수행을 통하여 자신의 심식의 변화를 가능하게 하는 것으로 이해하게 되며, 이런 이론들은 반드시 실천에 의해서 정리되고 체계적으로 체득되어야 할 것입니다. 이런 점에서 유식의 이론들은 유식의 수행체계를 설명하기 위한 것이기도 합니다.

삼성 심식의 세 가지 상태

유식의 수행에 관한 방법적인 내용들을 이해하기 위해서 먼저 수행을 가능하게 할 수 있는 이론적 바탕부터 알아보겠습니다. 유식과 관련해서 수행도를 설명할 때에 수행이 가능하게 되는 이론적 근거를 삼성(三性)으로 설명합니다.

1) **변계소집성**(遍計所執性) 대상에 집착된 심식의 상태

변계(遍計)는 널리 두루 계탁한다는 의미이며, 계(計)는 계탁(計度)이라는 용어에서 온 말입니다. 계탁은 따지고, 분석하고, 나누어서 자기에게 유리하게 판단하고 사량하고 분별하는 잘못된 집착의 분별심을 말합니다. 그러므로 변계소집성은 널리 계탁해서 집착되는 성질이라고 합니다. 이것은 번뇌성을 상징하는 용어가 됩니다.

실제로 유정들이 보고 있는, 아(我)와 법(法)의 대상들은 사실은 그 실체가 있는 것이 아니라, 서로의 연기적 관계에 의해서만 임시로 지어진 가아(假我)와 가법(假法)입니다. 그렇기 때문에 본래로 아(我)는 공(空)하게 되고, 아(我)는 공(空)하기 때문에, 법(法) 또한 공(空)한 아공법공(我空法空)의 이치가 성립됩니다. 그러나 이것을 알지 못하고, 아(我)와 법(法)에 집착함으로써 자신과 대상에 널리 두루 계탁하고 집착하여서 번뇌를 낳게 되기 때문에 변계소집성이라 합니다.

2) **의타기성**(依他起性) 연기를 자각한 심식의 상태

의타기(依他起)는 '(이것은) 저것에 의해서 (이것이) 일어난다'는 연기적 관계를 설명하는 용어입니다. 이것은 인(因)과

연(緣), 자(自)와 타(他)의 관계성 속에서 모든 것이 이루어지는 인연에 의한 생(生)을 말합니다. 이렇게 일체를 이루는 근원적인 원리를 표현하는 용어가 의타기성입니다. 일체가 의타기성인 것을 모르게 되면, 변계소집성에 빠지게 됩니다. 이것을 밝게 알게 되면 변계소집성의 집착을 그치게 되고, 대상에 대하여 아(我)와 법(法)으로 집착하지 않게 됩니다. 이러한 상태를 원성실성이라 합니다. 그러므로 의타기성에 의해서 원성실성이 나타나게 되는 것을 알 수 있습니다.

3) **원성실성**(圓成實性) 집착을 떠난 지혜의 상태

원만하고 무애하여 걸림이 없는 완벽한 진실성 그 자체를 의미하는 것이므로, 진여나 궁극적인 참된 진리, 즉 깨달음의 경지를 설명하는 용어입니다. 이것은 의타기성에 의해서 연기의 이치를 알게 되는 것에서 번뇌성의 유루심을 떠나고 무루의 지혜를 얻는 것을 말합니다. 무루의 지혜란 심식이 청정하여 분별상을 떠난 무분별의 승의(勝義)의 인식으로 아공(我空)과 법공(法空)을 체득한 경지를 말합니다.

이와 같이 삼성은 일체를 인식함에 세 가지의 상태로 인식할 수 있다는 것을 설명하고 있다고 하겠습니다. 이런 분류는 우리가 어떤 상태에서 세상을 바라보는가라는 것의 차이점을 설명할 수 있습니다. 세 가지 중에서 중심에 해당하는 것은 의타기성입니다. 의타기성이라는 보편적인 진리는 현상계의 참된 모습입니다. 그러나 이런 참된 모습을 바르게 알지 못하고 대상에 잘못 집착하여 변계의 집착을 일으키는 것이 변계소집성입니다. 반대로 의타기성임을 참되게 인식하고 그것을 통해서 진여의 참된 세계를 여는 것은 원성실성의 세계입니다. 그러므로 인연의 의타기성에 의해 일어나는 현상계의 모든 사실들을 잘못 이해하는 변계소집성의 상태를 버리면, 원만한 진여의 진실성인 원성실성을 획득하게 되는데, 이는 중생이 부처가 될 수 있는 성불의 가능성을 설명한다고 할 수 있습니다.

이 중에서 의타기성과 원성실성의 관계를 살펴보면, 의타기성에 의해서 원성실성이 밝혀지고, 원성실성은 의타기성을 통하여 나타나는 관계이기 때문에 서로는 같지도 않고 다르지도 않다(不一不異)는 표현을 사용하고 있습니다. 이렇기 때문에 삼성은 유식에서 심식의 수행을 통하여 성불을 가능하게 하는 근원적인 가르침으로 설명되며, 심식의 변계소집성의 인식작용을 벗어난 원성실성의 획득이라는 유식의 수행의 목표를 설정해 주는 것이기도 합니다.

삼무성 공(空)에 대한 새로운 해석

삼성은 실제로 인연에 의하여 형성된 것이므로 자성이 없다고 관찰하는 것이 삼무성입니다. 변계소집성의 모습이 자성이 없다고 설명하는 것이 상무성(相無性)이고, 의타기성에서 생기는 것은 자성이 없다고 설명한 것을 생무성(生無性)이라 하며, 원성실성의 승의의 자성이 없다고 설명하는 것을 승의무성(勝義無性)이라고 합니다. 이것은 유식의 독자적인 공(空)의 해석 방법이며, 이런 점에서 유식은 공(空)을 설명하는 중관사상과 그 목표가 다르지 않습니다. 다만 유식에서는 공(空) 그 자체에 대하여 논구하려는 중관사상과는 달리 우리들 심식의 세 가지 작용인 삼성(三性)을 부정하는 삼무성(三無性)을 통하여 일체가 공성(空性)인 것을 규명하려고 한다는 점에서 차이를 보이고 있습니다.

1) 상무성(相無性) 집착된 대상의 모습은 허망하다

상무성은 변계소집의 실상은 본래 자성이 없고, 허망한 환상에 지나지 않으므로 그 자체의 모습에는 자성이 없다는 것입니다. 두루 집착하는 변계에 의해서 생겨났기 때문에 실체가 있는 것처럼 보일 뿐이라는 것입니다. 번뇌의 망심에 의하여 인식되어진 대상의 모습은 실제로는 무상한 것이기 때문에 자성이 없으며, 상무성(相無性)이라 합니다.

2) 생무성(生無性) 연기에는 생하는 것이 없다

생무성(生無性)은 일체는 인연에 의하여 생기는 의타기성이
기 때문에 본래로 생함이 없다는 것을 뜻합니다. 인연이 화
합하여 조성된 사물은 무상하여 모든 개체는 자성이 없기
때문에 만들어지는 것이나 태어나는 것이 없다는 뜻으로 생
(生)에 자성이 없다는 의미로 사용합니다.

3) 승의무성(勝義無性) 승의의 세계는 설명할 수 없다

승의무성은 원성실성(圓成實性)을 더욱 궁극적인 표현으로
나타내는 경우입니다. 원성실성은 아집(我執)과 법집(法執)을
떠나 아공(我空)과 법공(法空)에 의한 진여성(眞如性)을 뜻합니
다. 의타기성의 원리를 알아서 변계소집성을 멀리 떠난 것
이 원성실성이며, 승의(勝義)의 경지를 말합니다. 승의는 모
든 법의 승의를 말하며, 진여(眞如)를 말합니다. 진여는 진실
하여 허망하지 않는 것을 말하며, 항상 변화하지 않는 것을
말합니다. 따라서 이러한 경지는 표현을 넘은 것이며, 별도
로 승의라고 할 수도 없는 경지이기에 승의의 세계도 그 자
성이 없다는 뜻으로 승의무성이라 합니다.

수행 오위 유식수행의 다섯 단계

유식 수행도에는 어떤 수행의 과정을 통해서 궁극적인 유식의 실성을 깨닫는 진여의 경지로 갈 수 있는가 하는 것을 살펴보기로 하겠습니다. 먼저 수행의 단계에는 다섯 가지가 있고, 이것에 의해서 수행이 점차적으로 심화되어가며, 궁극적으로 성불할 수 있다는 것을 오위(五位)로 설명합니다.

오위란 자량위(資糧位), 가행위(加行位), 통달위(通達位), 수습위(修習位), 구경위(究竟位)의 다섯 가지 단계로 수행이 심화되는 과정을 순서로 구분한 것입니다.

1) 자량위 수행의 준비 단계

자량위는 먼 길을 가는 여행자가 길을 떠나기에 앞서서 식량이나 의료품이나 기타 생활 도구들을 챙기고 준비하는 단계입니다. 그러므로 불도의 길, 즉 깨달음의 길을 가는 수행자가 먼저 해야 될 일은 마음을 굳게 하고, 착한 선지식을 가까이 하며, 믿음의 마음과 부처님의 가르침을 이해하려고 하는 순수한 노력 등을 통해서 사회적인 선행 혹은 육바라밀을 비롯한 좋은 복덕과 지혜를 쌓는 일들을 꾸준하게 쌓아가는 과정을 말합니다.

복덕과 지혜는 수행의 기초적인 자량입니다. 육바라밀 중에서도 앞의 다섯 가지 보시·지계·인욕·정진·선정은 복덕에 해당하고, 마지막 여섯 번째는 지혜입니다. 또한 자기를 이롭게 하는 자리(自利)와 남을 이롭게 하는 이타(利他)를 실천하기 위하여 보시섭(布施攝)·애어섭(愛語攝)·이행섭(利行攝)·동사섭(同事攝) 등의 사섭법(四攝法)과 자(慈)·비(悲)·희(喜)·사(捨)의 사무량심(四無量心)을 수행하는 단계입니다. 자량위의 수행에서는 아직 이장(二障)의 근본 장애인 번뇌장(煩惱障)과 소지장(所知障)을 끊을 수는 없지만 지말적인 번뇌인 작은 번뇌 심소들은 제거할 수 있다고 합니다. 그러므로 불도 수행의 첫 번째 단계를 자량위라 합니다.

이 단계에서 특히 중요한 것은 물러서지 않는 불퇴전의 마음입니다.

첫째는 대보리를 얻는 것이 광대하고 심원하다는 말을 듣고, 물러서지 말며, 오히려 남들이 대보리를 이룬 것을 상기하면서 물러서지 않는 것입니다.

둘째는 보시 등의 마음을 닦기가 어렵다는 말을 듣고, 물러서지 말며, 보시 등을 행한 이후에 마음이 즐거워지는 것을 상기하여 물러서지 않는 것입니다.

셋째는 완전한 깨달음을 얻는 것이 어렵다는 말을 듣고, 물러서지 말며, 자신의 수행과 비교하고 자기 마음을 연마하여 물러서지 않는다는 것입니다.

2) 가행위 수행이 더해지는 단계

가행위는 좀 더 수행을 더해가는 단계라는 의미입니다. 이 과정 안에서도 세분하여 네 가지 단계로 나누는 경우가 있습니다.

그 중에 첫 번째가 난위(煖位)이며, 본격적인 수행이 시작되기 위해서 따뜻하게 데우는 단계, 예를 들면 운동에 앞서 워밍업을 하는 그런 단계에 비유할 수 있습니다. 이 상태에서는 명득정(明得定)을 얻는다고 합니다. 명득정이란 처음 지혜의 광명이 현전에서 작용하는 양상을 얻을 수 있기 때문에 이러한 마음속의 평온을 얻게 된다고 하는 점에서 붙인 정(定)의 이름입니다. 이때에는 처음으로 인식하는 대상이 실로 존재하는 것이 아니라, 마음에 의해서 전변된 것임을 알기 시작하는 단계입니다.

두 번째는 정위(頂位)입니다. 정위는 상당히 높은 위치인 정수리까지 도착했다는 뜻입니다. 여기서는 대상이 무상함을 넘어서서 그 대상 자체가 실제로 존재하지 않는 연기의 공함을 알게 되는 경지가 되며, 이런 경지에서는 명증정(明增定)이라는 마음의 안정을 얻습니다. 명증정이란 광명과 같은 지혜의 양상이 명득정에서 시작하여 보다 증장하기 때문에 붙인 이름입니다.

세 번째는 인위(忍位)입니다. 인위란 인정할 수 있는 확고부동한 위치에 올라서게 되는 것을 말하며, 이 단계에서는 인순정(印順定)을 얻는다고 합니다. 인순정은 인식대상이 실재하지 않는다는 이전 단계인 정위(頂位)의 얻음을 확정하고, 인식의 주체인 심식 또한 실재하지 않는다는 이후의 단계인 세제일법(世第一法)의 이치에 대해서도 수순하여 받아들이는 단계를 말합니다. 왜냐하면 인식의 대상이 실재하지 않는다면 상대적으로 인식의 주체도 실재할 수 없음을 알기 때문입니다. 그러므로 앞의 단계를 확정하여 인가하고, 뒤의 단계에 수순한다는 뜻으로 인순이란 용어가 성립되었음을 알 수 있습니다.

네 번째는 세제일법(世第一法)입니다. 세제일법이란 세간에서 가장 뛰어나기 때문에 붙인 이름입니다. 인식대상과 인식주체에 대한 두 가지의 공성(空性)을 알고 유식의 실성을 깨닫는 것을 말합니다. 이 단계에서는 다른 단계를 거치지 않고 바로 견도(見道)에 들기 때문에 견도와 간격이 없다는 뜻으로 무간정(無間定)에 들었다고 합니다.

난위와 정위에서는 주로 인식주체인 심식에 의지해서 인식대상이 공(空)함을 관찰하고, 인위에서는 인식의 주체 자체를 공(空)한 것으로 관찰하며, 세제일법의 단계에서 비로소 인식대상과 인식주관이 모두 공(空)함을 관찰하게 됩니다. 그러나 현전에 있는 작은 대상과 심식에 대한 공성(空性)을 이해할 뿐, 아직까지 유식의 승의의 성품을 보지 못하였기에 참다운 유식의 실성에 안주하는 것은 아니라고 설명합니다.

이와 같은 가행위에서는 지말 번뇌를 벗고 인간이 후천적으로 분별해서 만든 번뇌는 끊을 수 있지만, 아직 선천적으로 아뢰야식 속에 깊이 내재되어 있는 근본 번뇌까지는 아직 제거하지 못한 상태를 말합니다. 즉 후천적으로 잘못된 지식이나 잘못된 습관에 의해서 이루어진 것들은 가행위 단계에서는 소멸되고 해소될 수 있다는 의미로 설명할 수 있습니다.

3) **통달위** 번뇌장을 해탈하는 단계

이 단계는 가행위의 마지막인 세제일법에서 무간(無間)으로 얻어지는 경지이며, 보통 견도(見道)라고 합니다. 보살의 초지에 해당하고, 본격적인 무루의 지혜가 발생하기 시작하게 되는 단계입니다. 통달위라고 하는 것은 무루의 지혜인 아(我)가 공(空)하고 법(法)이 공(空)함을 완전하게 통달하는 것이 아니라 이러한 사실을 본격적으로 알기 시작하였다는 점에서 통달위라고 하는 용어를 사용하고 있습니다. 그러므로 이 경지는 대승보살의 초지, 즉 제1지에 해당하는 환희지의 경지입니다. 이제부터 본격적인 무루의 지혜가 일어나면서 그 기쁨이 이루 말할 수 없기 때문에 이 자리를 환희지라는 이름으로 부르고 있습니다. 이 경우는 무분별의 지혜가 본격적으로 일어나기 시작하고, 진여에 대한 확신이 점점 굳어지며, 대상과 자신에 대해서 더 이상 집착하지 않고, 앞으로 꾸준히 아공(我空)과 법공(法空)을 깊이 깨달아 가는 과정의 절차가 남아 있습니다.

4) **수습위** 소지장을 소멸하는 단계

자량위의 수행을 가속한 것이 가행위라고 한다면, 통달위의 수행을 지속하는 것이 수습위입니다. 보살 초지 이상의 통달위에서부터 보살 10지에 이르게 될 때까지 아공(我空)과 법공(法空)의 두 가지 공(空)을 깨달아 가는 과정입니다. 이런 과정 속에서 아(我)에 집착하여 해탈을 방해하는 번뇌장인 아집(我執)을 단절하여 아공(我空)을 얻어 해탈하게 되고, 법(法)에 대하여 집착을 일으키는 소지장인 법집(法執)을 끊어 보리의 지혜를 이루어가는 과정을 지속하게 됩니다. 이것을 출세간의 무루의 지혜라고 합니다. 세간의 번뇌를 끊었기에 출세간이라 하며, 유루의 번뇌장과 소지장을 벗어나기에 무루의 지혜라고 합니다.

5) **구경위**   진여를 성취한 단계

구경의 경지이며, 이 단계에 도달하게 되면 대해탈과 대보리의 지혜를 성취하고 무주상의 열반인 완전한 깨달음에 도달하는 궁극적인 불도 수행의 완성을 이루게 되는 경지입니다. 이런 점에서 모든 번뇌를 영원히 끊어서 체성이 원만하고 지혜롭기 때문에 무루라고 하고, 생각으로 헤아릴 수 없기에 부사의(不思意)라 하고, 순백한 상태이기에 오직 선(善)이라 하고, 더 이상 멸진해야 할 번뇌가 없기에 항상 상주한다고 하고, 모든 유정들을 안락하게 하므로 안락신이라 하고, 영원히 다시 묶이지 않으므로 해탈신이라 하고, 최고의 적묵(寂黙)을 이루었기에 대성인이라 하고, 한량없는 공덕의 법으로 장엄되었기에 법신이라 합니다.

전식득지   4식에서 4지로 전환

오위의 정해진 수행과정을 따라 수행을 해 갈 때에, 과연 우리들의 심식은 어떻게 변화되어 가는가라는 점을 살펴보도록 하겠습니다. 우리들의 심식을 전5식과 제6식, 제7식, 제8식의 여덟 가지로 나누어 보았습니다. 이 여덟 가지의 심식은 지혜로 전환될 수 있으며, 주로 제4 수습위에서부터 제5 구경위에 이르기까지 무분별의 지혜로의 변화가 생긴다고 합니다. 무분별의 지혜가 얻어지게 되는 것은 어떤 근거로 가능한가라고 묻는다면 수행을 통한 심식의 변화과정에서 그 원인을 찾을 수밖에 없습니다. 결국 심식이 변화되어서 지혜로 바뀌는 것이라고 설명해야 합니다. 이것을 유식에서는 전식득지(轉識得智)라고 합니다. 번뇌성인 분별의 심식을 전환하여 무분별의 지혜를 얻는다는 것입니다. 그렇다면 유식의 목표는 심식의 변화를 통한 지혜의 획득이라고 할 수 있습니다.

이 중에서 전5식이 전환되어 성소작지(成所作智)를 얻게 됩니다. 이것은 전5식의 대상이 되는 모든 감각적인 대상에 대해서 바르게 인식하는 지혜를 말합니다. 제6식이 전환되면 묘관찰지(妙觀察智)를 얻게 됩니다. 이것은 우리들의 의식이 정화되어서 맑혀진다면 대상을 잘 관찰할 수 있는 지혜가 생긴다는 의미입니다. 제7식 말나식이 전환되어 평등성지(平等性智)를 얻게 됩니다. 자신의 자아에 집착하는 제7식의 집착성을 버리면 나와 남이 모두 함께 평등한 지혜를 얻게 된다는 의미입니다. 제8식 아뢰야식이 전환되어 대원경지(大圓鏡智)를 얻게 됩니다. 제8식 속에 저장된 잘못된 업력들을 모두 제거한다면 크고 둥근 거울과 같이 자신의 마음이 깨끗하고 청정하게 되는 지혜를 얻게 된다고 설명하고 있습니다.

유식에서 심식의 구조와 작용에 대하여 자세하게 설명하는 이유는 우리들의 잘못된 인식작용인 전5식·제6식·제7식·제8식 등의 네 가지 식(四識)을 전환하여 부처님의 지혜인 성소작지·묘관찰지·평등성지·대원경지의 네 가지 지(四智)를 얻는 것을 목표로 하기 때문입니다. 이런 전식득지의 이론적 정립으로 심식의 변화를 통한 수행도의 목표를 설명하고 있습니다.

지금까지 우리들은 심식의 구조와 작용의 이해를 통하여 인식하고 있는 대상과 심식의 작용은 허망한 것이라는 것을 깨닫게 됩니다. 오직 심식의 작용뿐이라는 유식의 실성을 우리 스스로가 증득하게 됨으로써 허망한 분별 인식을 전환하여 지혜로운 마음을 얻는다는 것이 유식 수행도의 궁극적인 목표가 된다고 할 수 있습니다.

유식 수행의 목적   해탈과 보리의 증득

유식학의 모든 범주들을 종합해서 결론적으로 우리들이 생각해볼 수 있는 것을 정리해 보고자 합니다. 우리들이 지니고 있는 아(我)라는 삶의 주체는 우리가 살고 있는 법(法)이라는 대상 속에서만 가능할 수 있습니다. 이 속에서 우리는 대상을 인식하여 받아들이고, 대상에 대해서 실질적인 행위를 함으로써 우리들의 삶을 영위해 가는 것입니다.

실제로 아(我)와 법(法)은 연기적 관계이기 때문에, 어느 한 곳에 집착하게 되면 반드시 상대가 일어나게 되고, 아(我)와 법(法)은 서로 분리될 수밖에 없는 분별의 관계에 놓이게 됩니다. 본래 아(我)와 법(法)의 관계는 분리할 수 없는 무분별의 관계입니다. 다만 유정들의 집착성이 제8 아뢰야식에 종자로 저장되고, 제7 말나식의 작용에 의해서 아(我)라고 하는 주체에 대한 집착을 갖게 되어, 아집(我執)을 낳게 되고, 그와 동시에 법(法)에 대해서도 집착하는 법집(法執)을 낳게 되는 잘못된 인식을 하게 된 것입니다. 아집을 하게 되어, 나에 대한 집착을 하게 되면 번뇌가 일어나게 되며, 이 번뇌는 우리들의 성도(聖道), 즉 깨달음으로 가는 길을 방해하는 번뇌장(煩惱障)이 되고, 법집을 갖게 되면 우리들이 대상을 바르게 알지 못하는 장애를 받게 되는 소지장(所知障)이 됩니다.

이러한 두 가지의 장애, 또는 두 가지의 집착을 벗어나려면, 아(我)와 법(法)에 대한 집착의 근원인 우리들의 심식의 구조와 작용을 면밀하게 살펴보아야 합니다. 그럼으로써 아집이 허망함을 아는 아공(我空)을 알게 되고, 법집(法執)이 공허함을 알게 되는 법공(法空)의 지혜를 얻어 이공(二空)의 유식의 실성을 깨달을 수 있습니다. 유식의 실다운 성품을 바르게 이해한다면 번뇌에 의한 장애도 사라지고 대상을 바르게 알지 못하는 소지에 대한 장애도 사라지게 되어 결국은 분별이 끊어지며 무분별의 지혜를 얻게 됩니다. 무분별의 지혜는 우리들이 추구하는 진여이며, 궁극적으로 수행자가 얻고자 하는 깨달음입니다.

유식경론

유식 경론

　법상종의 자은(慈恩) 규기(窺基) 대사는『성유식론술기』에서 유식학의 기본적인 문헌을 6경(經) 11논(論)으로 서술하고 있다. 6경이란『화엄경』,『해심밀경』,『능가경』,『여래출현공덕장엄경』,『대승아비달마경』,『후엄경』 등을 말하고, 11논은『유가사지론』,『대승장엄경론』,『십지경론』,『섭대승론』,『유식이십론』,『변중변론』,『현양성교론』,『집량론』,『분별유가론』,『관소연론』,『대승아비달집론』 등이다.

　6경 가운데는 유식학의 본경(本經)으로 불리는『해심밀경』과 유식학과 여래장 사상을 접목한『능가경』이 중요한 경전으로 전해지고 있다. 그리고 11논 중에는 옛 부터『유가사지론』이 으뜸이 된다고 하였지만, 100권에 달하는 분량과 내용상에서 다양한 이론들이 복합되어 있기 때문에 그 전모를 파악하기는 쉽지 않다.

　정리된 유식학의 체계는 현장 역『유식삼십송』에서 살펴볼 수 있으며, 인도 안혜 논사의 산스크리트본이 있고, 진제

역『전식론』과 함께 중요한 한역 논서가 되고, 이를 주석한 내용을 종합적으로 정리한 것이『성유식론』이다. 그 속에는 호법을 비롯한 10대 논사들의 견해가 일부 포함되어 있기에 유식학의 공부를 위해서는 필요한 논서가 된다.

따라서 유식학의 기본 문헌인 6경 11논이 유식학의 공부를 위해서 모두 중요한 의미를 지니고 있지만, 기본적인 유식학의 기초를 정립하기 위해서는 우선『해심밀경』과『능가경』의 두 가지 경전을 소개하고, 정리된 유식학의 논서에 속하는『유식삼십송』과『성유식론』에 대하여 대강의 구조와 내용을 설명하고자 한다.

해심밀경(解深密經)

유식학의 근본 소의경전으로 최초의 유식관련 경전으로 알려져 있다. 경전의 성립연대는 용수보살(서기 150년-250년) 이후 무착 이전의 시대로 예상된다. 각기 다른 이름으로 네 번 한 문으로 번역되었다. 범어 원본은 없지만 티베트 번역본이 남아 있다. 네 가지 번역 중 현장법사가 번역한『해심밀경』이 가장 유명하다.『해심밀경』은 8품으로 되어 있지만, 「서품」을 제외한 7품 전체가 미륵보살이 지었다고『유가사지론』에 인용되어 있다.

8품은 ① 서품(序品), ② 승의제상품(勝義諦相品), ③ 심의식상품(心意識相品), ④ 일체법상품(一切法相品), ⑤ 무자성상품(無自性相品), ⑥ 분별유가품(分別瑜伽品), ⑦ 지바라밀다품(地波羅蜜多品), ⑧ 여래성소작사품(如來成所作事品) 등이다.

이 중 ②~⑤까지의 4품은 유식(唯識)의 이론을 설하고 있고, ⑥은 유식의 유가관법을 설명하고 있으며, ⑦은 유식의 수행 ⑧은 유식의 증과(證果)를 설명하는 부분이다. 이 중에서 ②~⑤의 4품이 이 경의 핵심을 이루는 부분이며, ②「승의제상품」은 승의제인 진여를 설명하였고, ③「심의식상품」은 세속제(世俗諦)인 심식에 대하여 밝힌 것이다.

특히 「심의식상품」에서는 제8 아뢰야식을 설하고 있으며, 제6식과 함께 끊임없이 변화하면서 갖가지 분별을 일으키는 근본이 되는 심식임을 밝혔다. 또한 분별된 것에는 변계소집성(遍計所執性)과 의타기성(依他起性)이 있으며, 이 두 가지에 진여의 원성실성(圓成實性)을 포함하여 일체법의 법상을 삼성(三性)으로 설하였다.

또한 삼성(三性)에는 그 자성이 없다는 삼무성(三無性)을 강조한 것이 ⑤「무자성상품」이다. ⑥「분별유가품」에서는 지관행(止觀行)을 상세하게 설명하였고, ⑦「지바라밀다품」에서는 부처님이 관자재보살(觀自在菩薩)을 상대로 설한 십지(十地)

와 십바라밀(十波羅蜜)이 상세하게 설명되어 있으며, ⑧「여래성소작사품」은 여래의 법신상(法身相), 그리고 화신(化身)의 교화행을 강조하고 있다.

그러므로 『해심밀경』에는 승의의 진여와 세속의 심식의 구조와 작용에 대한 설명을 비롯하여, 삼성과 삼무성, 그리고 지관(止觀)과 10바라밀의 유가 수행법을 설하고, 최후에 수행의 증과로서 불신(佛身)에 대한 서술을 함으로써 유식학의 기본 구조가 확립되어 있음을 알 수 있다.

능가경(楞伽經)

석가모니 부처님이 능가성(楞伽城)에서 설하였다고 전하는 경전으로 유식학과 여래장 사상의 형성에 중요한 위치를 차지하고 있다. 보통 『능가경』(Laṅkāravatāra-sūtra)이라고 하며, 원제는 Ārya-saddharma-laṅkāvatāranāma-mahāyanasutra이며, '성스러운 정통 교의를 간직한 능가에 들어간다고 불리는 대승 경전'이다. 한역으로는 구나발타라가 443년에 번역한 『능가아발타라보경』 4권과 보리유지가 513년에 번역한 『입능가경』 10권, 실차난타가 700~704년에 걸쳐 번역한 『대승입능가경』 7권 등 세 가지가 있다.

이 경은 불교 여러 학파의 교설을 풍부하게 종합하였으며,

여러 교설들이 어떻게 결부되고 있는가를 보여준다는 점에서 중요시 되는 경전이다. 특히 중요하게 지적되는 것은 중생 속에 감추어져 있는 여래가 될 수 있다는 여래장을 설하는 부분과 아뢰야식이 결합되어 있다는 것이며, 『대승기신론』의 선구적인 경전이 된다.

이 경에는 중생은 미혹(迷惑)으로 대상에 집착하기 때문에 과거로부터 쌓아온 습기로 말미암아 모든 현상이 스스로의 마음에 의해서 나타난 것임을 알지 못하지만, 여래장에 의지하여 모든 현상이 스스로의 마음이 나타낸 바임을 철저하게 깨닫는다면 집착하는 자와 집착하게 되는 대상의 대립을 떠나 무분별의 세계에 이를 수 있다고 한다. 여래장 사상을 통하여 성스러운 지혜의 작용을 강조하며, 무분별의 깨달음에 의해서 진리를 획득할 수 있다는 입장을 보여주고 있다. 이 밖에도 오법(五法)·삼성(三性)·팔식(八識)·이무아(二無我) 등에 대해서 상세하게 밝히고 있다.

이런 점에서 『능가경』은 유식학이 설명하는 8식설의 입장을 취하면서도, 다른 한편에서는 여래장 사상을 받아들여 아뢰야식과 여래장을 조화시키려고 하는 의도를 가지고 있다. 그래서 이 경은 대승경전 중에서 여래장 사상과 아뢰야식을 종합시키려는 시도가 최초로 분명하게 나타나고 있는 경전이며, 여래장 사상과 아뢰야식 사상을 융합해 일불승설(一佛乘說)을 주장하는 사상의 선구가 되었다.

유식삼십송(唯識三十頌)

세친(世親, Vasubāndhu 320년~400년경)에 의해서 유식의 강요를 정리한 것으로 원제는 Triṃśikāvijñaptimātratā-Siddhi이며, '30송의 성유식(成唯識)'으로 번역된다. 유식의 실성(實性)을 이루기 위한 30가지의 게송(偈頌)이라는 의미이다.

한역으로는 진제(眞諦)가 563년 번역한 『전식론(轉識論)』과 현장(玄奘)이 649년에 번역한 『유식삼십송』이 있고, 티베트역에는 게송(偈頌)과 석소(釋疏)가 있다.

게송 30개에 불과하지만, 이 속에는 지금까지 전해온『해심밀경』·『대승아비달마경』·『유가사지론』·『섭대승론』등의 유식학의 중요한 점을 간결하게 정리하여 체계적으로 서술하고 있다. 유식 30송에 대하여 인도에서 28명의 주석가가 있었고, 그 중에도 대표적인 10대 논사의 주석이 있었다고 전해지지만, 현재 산스크리트 본으로 전해지는 것은 안혜(安慧 510년-570년경)의 『유식삼십송석』이다. 그러나 현장(玄奘)에 의하여 한역된 『성유식론』속에는 호법(護法)의 주석을 중심으로 논사들의 견해를 정리한 내용들이 남아 있어서 당시 유식학의 일단을 짐작할 수 있다.

30개의 게송의 내용을 분류하면 다음과 같다.

① 제1송~제2송 전반까지는 유식의 상(相)을 간략히 밝히는 것으로, 일체는 모두 심식의 전변(轉變)에 의하여 이루어진 것이며, 가아(假我)와 가법(假法)임을 밝힌다. 그리고 심식에는 세 가지의 능변식이 있음을 크게 드러낸다.

② 제2송 후반~제16게송에는 유식의 상(相)을 자세히 밝히는 부분이며, 세 가지 능변식에 대하여 차례대로 심식의 이름과 성질과 작용과 심소 등에 대하여 언급하고 있다.

③ 제17송~19송에는 유식의 성(性)을 밝히는 것으로 지금까지 분석해 온 심식의 작용을 종합하여, 일체는 오직 심식에 의하여 인식되는 것이라는 유식의 실성을 결론적으로 밝히고 있다.

④ 제20송~제22송에는 삼성(三性)인 변계소집성·의타기성·원성실성을 통하여 심식의 작용과 변화의 원리를 설명하고 있다.

⑤ 제23송~25송에는 삼무성(三無性)인 상무성(相無性)·생무성(生無性)·승의무성(勝義無性)을 통하여, 유식의 입장에서 공(空)을 설명하고자 한다.

⑥ 제26송~30송에는 유식수행의 다섯 가지 단계인 오위

(五位)에 대하여 자량위·가행위·통달위·수습위·구경위 등의 수행계위와 수행방법과 증득하는 내용 등에 대하여 설명한다.

성유식론(成唯識論)

현장(玄奘)에 의해 659년경 번역된 것으로, 원제는 Vijñapti mātratā-Siddhi-Śāstra이며, '유식의 실성을 성취하는 논'이라는 의미이다.

현장은 유식학을 중점적으로 연구하고자 인도 나란타사(那爛陀寺)에서 호법(護法)의 제자인 계현(戒賢)에게서 수학하고, 호법의 제자인 현감(玄鑑)으로부터 십대논사들의 주석본을 수집하였다. 이후 호법(護法, 530년~561년)의 『유식삼십송』에 대한 주석을 중심으로 10대 논사의 주장을 취사선택하여 10권으로 편역(編譯)한 것으로, 당시 인도 유식가들의 견해를 일부 담고 있다.

자은 규기에 의해 중국 법상종을 성립하는 중요한 논서가 되었다. 이 논에 대한 주소(註疏)로 유명한 것은 자은(慈恩)의 『성유식론술기』와 원측(圓測)의 『성유식론소(成唯識論疏)』(不傳)와 태현(太賢)의 『성유식론학기(成唯識論學記)』 등이 있다. 권별 내용은 『유식삼십송』의 순서에 따라서 차례대로 자세하게 해석하는 방법을 취하고 있다. 중요 내용은 아래와 같다.

① 제1권~제2권: 귀경게(歸敬偈)를 시작으로, 유식의 정당한 이치를 밝히기 위하여, 먼저 외도와 소승의 사견(邪見)에 대한 비판을 시도한다. 가아(假我)와 가법(假法)에 집착하여 실아(實我)와 실법(實法)으로 삼는 것을 경계하며, 아공(我空) 법공(法空)의 진정한 도리를 밝히는 것이 유식에 있음을 밝힌다. 모든 것은 심식의 전변에 의한 것이며, 이 심식에는 세 가지 능변식이 있음을 설한다.

② 제2권~제4권: 제8 Ālaya식에 대하여 8단(段) 10의(義)로서 해석하고, 5교(敎) 10이(理)로서 제8식의 의미를 증명한다. 8단(段) 10의(義)란 중요한 요강을 줄여서 8가지 넓혀서 10가지로 해석한다는 것이다. 제8식의 삼상(三相)과 삼장(三藏), 종자와 본유와 신훈에 대한 문제, 사분설, 무부무기성, 아뢰야식의 단멸문제 등에 대하여 논한다. 5교(敎) 10이(理)란 경전의 근거인 5가지 가르침과 논리적인 10가지 이치로서 제8 아뢰야식의 작용을 입증하는 것을 말한다.

③ 제4권~제5권: 제7 Manas식에 대하여 8단(段) 10의(義)로서 해석하고, 2교(敎) 6이(理)로서 제7식의 작용을 증명한다. 먼저 이 식의 명칭을 해석하고, 이 식의 바탕이 되는 소의(所依)와 인식 대상이 되는 소연(所緣)을 아뢰야식으로 밝히고,

아뢰야식을 대상으로 아집(我執)을 발생하는 작용을 설명한다. 그리고 근본 4번뇌를 지닌 유부무기성과 제7식의 단멸에 대하여 밝히고, 5교(敎) 10이(理)로서 제7식의 작용을 증명한다.

④ 제5권~제7권: 제6식과 심소에 대하여 7단(段) 9의(義)로서 설명한다. 먼저 이 식의 이름에 대하여 논하고, 요별(了別)하는 작용의 종류와 삼성(三性)에 통함을 밝힌다. 그리고 심소상응에 대하여 변행·별경·선·번뇌·수번뇌·부정심소 등의 6단계로 나누어 모두 51심소에 대하여 해석하고 5위무심의 단멸을 설한다.

⑤ 제7권~제8권: 제3 능변식의 해석을 통하여 일체는 오직 심식에 의하여 인식되는 것이며, 실제로 대상이 현존하지 않는다는 일체유식의 도리에 통달하게 되는 것을 밝힌다.

⑥ 제8권~제9권: 삼성(三性)과 삼무성(三無性)을 통하여 대상이 현존하지 않는다는 것을 밝히기 위하여 변계소집성과 의타기성과 원성실성으로 분류하고, 또한 그 자성이 있지 않다는 것을 상무성·생무성·승의무성으로 해석한다.

⑦ 제9권~제10권: 오위(五位)란 유식 수행의 계위를 말하는 것으로 자량위·가행위·통달위·수습위·구경위를 말한다. 각 단계별로 수행해야 하는 요목과 증득하는 심적인 상태를

해석하며, 번뇌장과 소지장이 소멸되어 가는 과정을 수행과
정과 함께 서술한다. 그리고 완전한 유식의 실성에 도달한
구경위의 불신(佛身)에 대하여 자성신·수용신·변화신 등의
삼신설을 설하고 있다.

저자 약력

동국대학교 불교학과 졸업, 문학석사 · 철학박사
위덕대학교 불교문화학과 교수, 총장 역임
『밀교경전성립사론』·『밀교학입문』 등의 저 · 역서가 있고,
「밀교경전의 아뢰야식 수용에 관한 연구」, 「대일경의 심식설」 등
유식사상과 관련된 밀교학에 관한 다수의 논문을 썼다.

불교 유식학 강의

장 익 지음

2023년 8월 21일 초판

펴낸이 : 이미연
펴낸 곳 : 정우북스
서울시 종로구 삼봉로 81 두산위브 1231호
등록 1992. 5. 16. 제1992-000048호
Tel : 02/720-5538

값 : 15,000원

ISBN 979-11-970044-0-7   03220